Economia 3.0

Do escambo até as finanças descentralizadas

Uma guia para entender as falhas do sistema monetário e a alternativa das criptomoedas

©Borja Ruiz Reverter, Novembro, 2020

ISBN 979-85-75-94778-3

Desenho da capa: Alanne Lucena de Brito
Ilustrações: Alanne Lucena de Brito
Diagramação: Alanne Lucena de Brito

www.laneartdesign.com

Produção editorial: Borja Ruiz Reverter
borjaruizreverter@protonmail.com
CircesCharms.zil
Os encantos de Circe (lbry.tv)
Economia3.0 (lbry.tv)

Primeira Edição (Atualizada)
Versão impresa - Paraíba, Brasil, Novembro 2020

Economia 3.0

O grande desenvolvimento digital, junto com a flamante inovação da descentralização introduzida pelo Bitcoin, está formando uma revolução com o potencial de mudar o paradigma econômico contemporâneo. Um novo paradigma onde os usuários não são mais objetos e sim sujeitos, que participam e colaboram, todos dentro da mesma rede. Eis a nova economia, a economia 3.0. Entenda as engrenagens desta revolução e se prepare para surfar esta onda!

PREFÁCIO

Toda revolução está associada a uma bolha financeira. Aconteceu com as companhias ferroviárias durante a revolução industrial na chamada *railway mania*, aconteceu com o surgimento da internet na chamada bolha das pontocom, e está também acontecendo com as criptomoedas. A formação de bolhas tipicamente atrai a muitos investidores, os quais não entendem nem se importam com a tecnologia, pois só entram no mercado com a pretensão de ganhar dinheiro de maneira rápida.

O propósito deste livro não é fazer o leitor ganhar dinheiro e sim conhecimento. A intenção é educar financeiramente ao leitor para que, uma vez que ele se torne ciente da dura e fria realidade na qual vive, seja capaz de tomar suas decisões por si só. Este conhecimento se torna vital dentro do tenso cenário econômico que nos aguarda. Um conhecimento, o qual dificilmente seria adquirido por meios tradicionais: televisão, rádio, prensa ou ensino universitário.

A primeira e mais importante criptomoeda, o Bitcoin, nasce como discórdia ao sistema monetário contemporâneo. O objetivo principal deste livro é entender o porquê. Para isso, se torna necessário conhecer profundamente nosso sistema monetário, desde seu nascimento, até o que se tornou nos dias atuais. Para essa caminhada, precisaremos inicialmente de certos conceitos de economia, os quais serão estudados no capítulo I, mas o serão desde uma perspectiva um tanto peculiar. A continuação, durante os capítulos II, III e IV será revisada a história do dinheiro com o intuito de entender como foi construído o sistema financeiro e monetário contemporâneos. Esta revisão histórica será também útil para compreender como as inovações emergem de maneira natural, atendendo à demanda dos consumidores e, também, como estas são controladas e deturpadas em última instância pelo poder central, detentor do monopólio da força.

Finalmente, uma vez estudado o contexto econômico atual, no capítulo V, analisaremos as características da criptomoeda mais importante: o Bitcoin, e como a partir dele surgiram novas plataformas, como a Ethereum, perfeitas para a criação de protocolos descentralizados. Espera-se com isso mostrar como as criptomoedas representam uma séria alternativa ao sistema monetário e financeiro atual. Um sistema cada vez mais controlador e, por isso, um sistema cada vez menos confiável.

AGRADECIMENTOS

Minha paixão pelas criptomoedas não é por causa do dinheiro. Minha paixão pelas criptomoedas é por causa da liberdade. A liberdade está na essência do Bitcoin. Seu coração é a livre concorrência, o qual bate com cada bloco minerado. Uma liberdade que não só está no seu funcionamento, mas também no seu nascimento. O Bitcoin nasce, de fato, como desafio ao sistema, um sistema deturpado pelo poder central. O Bitcoin é um brado à liberdade. Por suas veias corre o sangue de todos aqueles que lutaram por essa liberdade e que acabaram perseguidos, encarcerados, assassinados, difamados, desacreditados ou desterrados por representar uma ameaça ao sistema. Meus agradecimentos vão para todos eles que, nessa sua difícil e frustrante luta, conseguiram plantar pequenas sementes que germinaram nas seguintes gerações. Sementes que, agora, anos, décadas ou séculos depois, dão à luz a livros como este.

"Podes matar um homem, mas não podes matar uma ideia." Sófocles

Muito do que aprendi devo a pessoas visionárias, que certamente foram, ou ainda são, injustamente ignoradas e escrachadas pelo simples fato de ter opiniões e ideias diferentes do mainstream. Ironicamente, é precisamente nas ideias diferentes onde se encontra a maior fonte de informação e, por isso, não posso deixar de agradecer a pessoas como Ray Dalio, Raoul Pal, Philipp Bagus, Mario Innecco, Simon Dixon, Mike Maloney, Peter Schiff, Jim Rickards, Richard Werner, Max Kaiser, Sven Henrich, Ben Rickert, Saifedean Ammous, Fernando Ulrich, Richard Rytenband, Tavi Costa, Leandro Ruschel, Rodrigo Constantino, Peter Turguniev, Dâniel Fraga, Guilherme Rennó, Helio Beltrão, Raphael Lima, Avelino Morganti, Fausto Botelho, Raphael Figueredo, Jesús Huerta de Soto, Juan Ramon Rallo, Daniel Lacalle, Ivan Liljeqvist, Alex Saunders, Chris Blec, Ryan Sean Adams, David Hoffman, Camila Russo, Vitalik Buterin, Dan Held, Jimmy Song, Andreas Antonopoulos e outros que infelizmente esquecerei.

Também, agradeço a alguns indivíduos ou coletivos como Satoshi Nakamoto, Cypherpunks, Real Vision Finance, Max Keiser, Bankless, Maneco64, Instituto Mises, Mises Capital, Instituto Juan de Mariana, Visão libertária, Ancapsu, Ideias Radicais, Bitconheiros, Criptomaniacos, Aantonop, Economic Pills, The Plain Bagel, ZeroHedge, Chris Blec on Defi, Ivan on Tech, Sunny Decree, The moon, Ethereum, Baseline Protocol, ChainLinkGod e DefiDad.

> "Se tenho conseguido ver longe foi porque subi nos ombros de gigantes." Isaac Newton

EPÍLOGO

Meu interesse pela Economia, além da influência do meu pai, diretor de uma agência bancária, provavelmente veio a raiz da crise das *subprimes*, a qual afetou profundamente a Espanha da minha juventude. A economia espanhola tinha crescido consideravelmente na década dos 80 e 90. O turismo e a construção eram os motores do país. A adoção do euro em 2002 facilitou o comércio com o resto da Europa e trouxe maior estabilidade econômica. O ímpeto econômico era tanto que se discutia se Espanha deveria formar parte do G7 no lugar de Itália. Ninguém duvidava disso não acontecer antes de 2010. Internacionalmente Espanha era conhecida por seu milagre econômico. Entretanto, em 2008 veio a crise das *subprimes*. Todo esse frenesi econômico foi pelo ralo em questão de meses. Pais de família perderam seus empregos, suas casas, e ainda ficaram com as dívidas hipotecárias. O desemprego juvenil disparou até quase o 50%. O país, que meses antes era o exemplo a seguir mundialmente, tornou-se um caos econômico.

A partir daí Espanha jamais voltou a ser o que era. As cifras do desemprego foram maquiadas: o povo que não procurava emprego, por haver perdido a esperança, deixou de ser contabilizado, forçando uma falsa sensação de melhora sem nenhum sentido; a realidade estava nas ruas. A Espanha da minha juventude se converteu repentinamente num país sem futuro; um país que perdia seus jovens. A maioria dos meus amigos qualificados e outros tantos conhecidos acabaram emigrando. Eu mesmo sofri essa realidade, pois acabei emigrando para o Brasil.

Efetivamente, a crise das *subprimes* fez com que muitas famílias perdessem tudo ou quase tudo: suas casas, seus trabalhos e até a proximidade de seus filhos. A crise marcou minha vida e a de outros muitos. Muitas perguntas surgiram naquela época. Por que mudou tudo tanto e tão rápido? Como se originou essa crise? Por que uma crise iniciada nos EUA acabaria afetando tanto a Espanha? Como um país que parecia o espelho mundial se tornou de repente um clamoroso fracasso?

Entretanto, naquele momento não tinha nem respostas, nem tempo para achá-las. Meu objetivo era outro: acabar meu doutorado, encontrar um emprego e me dedicar a estudar esses assuntos assim que puder no futuro. Esse futuro chegou e agora me sinto humildemente capaz de escrever sobre muitas das coisas que aprendi no caminho.

Este livro está dedicado a Alanne. Sem ela jamais teria sido possível. Este trabalho é tanto meu quanto dela.

"Nada é tão reconfortante para um homem quanto a companhia de uma mulher inteligente." Leo Tolstói

Índice de Conteúdos

Economia 3.0	2
PREFÁCIO	3
AGRADECIMENTOS	5
EPÍLOGO	6

Capítulo
CONCEITOS FUNDAMENTAIS DA ECONOMIA

Introdução	20
A ECO	
O que é a economia?	20
O indivíduo e seus coletivos	22
A economia é um sistema complexo	23
O paradigma econômico tradicional	25
A Economia não é uma ciência exata	25
A prepotência humana e os arquitetos econômicos	28
Os recursos escassos	29
A satisfação pessoal	30
Trocas voluntárias	31
Os processos econômicos são irreversíveis	32
A econômia é um sistema fora do equilibrio	35
A econômia é um sistema auto-organizado	37

Sistemas abertos e informação 37
AÇÕES E REAÇÕES NA ECONOMIA
A optimização dos recursos escassos 39
O lucro 41
A oportunidade 42
Incentivos 42
Sem lucro não há incentivos 44
Monopólio do lucro 44
Interações econômicas 45
Trade-offs dos indivíduos 47
Trade-offs da economia 47
Protecionismo 48
O significado do preço 50
Homeostase dos preços 52
OFERTA E DEMANDA
A lei da demanda 54
O significado de demandar 55
Mudanças na demanda 58
A lei da oferta 59
O significado de ofertar 60
Mudanças na oferta 62
Mecanismo da geração do preço: lei da oferta e da demanda 63
INFLAÇÃO E DEFLAÇÃO
Mudanças nos preços dos bens ou dos serviços 64
Inflação e deflação 65
A inflação (potencial) é um fenômeno monetário artificial 66

Quem causa inflação e como se produz?	67

CICLOS VIRTUOSOS E CICLOS

Ciclos virtuosos da economia	73
Ciclos viciosos da economia	74
Os efeitos da inflação	75
A perda de poder aquisitivo	77
Os efeitos da deflação	78
Soluções perfeitas e soluções adequadas	79

HIPER

Hiperinflação	81
Numa economia intervinda a hiperinflação é inevitável	86
A importância de entender sobre economia	89

MEDINDO

Como medir o poder aquisitivo do dinheiro?	90

Capítulo
ECONOMIA 0.0
Do escambo até o dinheiro sólido

Introdução	96

O SURGIMENTO DA

Bens de consumo e bens de capital	97
Curva de aprendizado e especialização	98
O progresso através dos incentivos pelo lucro	99
O escambo	100
A ineficiência do escambo	101
O surgimento do livre mercado	103

O SURGIMENTO DO
Os meios de troca 103
O dinheiro 104
O dinheiro sólido: os metais preciosos 105
Primeiros sistemas monetários 106
A INTERVENÇÃO DO
Apropriação da cunhagem da moeda 109
Desvalorização da moeda no império romano 110

Capítulo
ECONOMIA 1.0
Do dinheiro sólido até o papel-moeda
Introdução 114
O PAPEL-MOEDA E OS PRIMEIROS
As casas de custódia e os certificados de depósito 115
O papel-moeda 116
Os empréstimos e os ativos financeiros 117
Os primeiros bancos 118
O uso e abuso de todo poder central 119
AÇÕES E TÍTULOS DE DÍVIDA
O desejo por produtos novos 121
A primeira empresa multinacional 122
A primeira bolsa de valores 123
As ações 123
Os títulos de dívida privada 124
OS BANCOS

O modelo de banco central   125
Corrida aos bancos   127

Capítulo
ECONOMIA 2.0
Do papel-moeda ao dinheiro digital

Introdução   132
O CAPITAL
A revolução industrial e o capitalismo   133
A ascensão dos EUA e da URSS   134
O PADRÃO-
O padrão-ouro em espécie   135
O padrão-ouro   136
A remoção do padrão-ouro   137
O SISTEMA BRETTON
A Reserva Federal   138
O sistema Bretton Woods   140
O DINHEIRO
A ruptura de Bretton Woods   141
O dinheiro fiat   142
A cilada do dinheiro fiat   143
O DINHEIRO
Tipos de dinheiro fiat   144
O dinheiro digital   145
A base monetária e seus agregados   147
O MERCADO

Mecanismos de regulação da massa monetária	149
Reserva fracionária e expansão creditícia	149
Depósitos compulsórios	152
O mercado interbancário e a taxa de juros básica da economia (SELIC)	153
A taxa de juros de desconto	154
O preço do dinheiro	154
O MERCADO DE DÍVIDA	
Títulos de dívida pública no mercado primário	155
Títulos de dívida pública no mercado secundário	157
Juro curto e juro longo	158
Ignorância, exuberância, satisfação imediata e incentivos errados	160
O capitalismo de livre mercado não existe	161
A MONETIZAÇÃO DA	
Os efeitos da taxa básica	162
Operações de mercado aberto	163
A monetização da dívida	164
O significado de monetizar a dívida	165
O rolamento da dívida e seus efeitos	167
Relaxamento quantitativo	170
OS EFEITOS DA INTERVENÇÃO NA	
As distorções do banco central	172
Os juros negativos	174
Credores de última instância	175
Desvalorização forçada das moedas nacionais	178

Inflação dos preços ou inflação dos ativos?	180
A bolha completa	183
A necessidade de um sistema livre e descentralizado	184

Capítulo
ECONOMIA 3.0
Do dinheiro digital ao dinheiro programável

Introdução	188
A REVOLUÇÃO DO	
A revolução do Bitcoin	190
O que é Bitcoin?	191
A matematização da confiança	191
Quem criou o Bitcoin?	193
Por que se cria o Bitcoin?	193
O Bitcoin é mais uma nova ideia?	194
Como funciona o Bitcoin? Blockchain	196
Proof of work (PoW)	199
Bitcoin é energia	200
Mecanismo de autorregulação da dificuldade	200
A segurança do Bitcoin	202
Bitcoin é blockchain e blockchain é Bitcoin	202
A santíssima trindade: usuários, mineradores e validadores	203
Onde está o Bitcoin?	204
Descentralização. Chaves públicas e chaves privadas	205
Carteiras	206
Frase semente	207

Armazenamento frio e armazenamento quente	210
Custódia das chaves privadas	210
Exchanges centralizadas	211
O Bitcoin é a porta de entrada para a Web 3.0	213
Altcoins: A explosão cambriana	213
O trilema da blockchain	215
Bitcoin como dinheiro ou como reserva de valor?	216
Ouro ou Bitcoin?	216
O Bitcoin é um bem escasso	218
O Bitcoin é uma moeda programável	219
Dinheiro dos governos, dinheiro das empresas e dinheiro do povo	220
Propostas de Melhora do Bitcoin (BIPs)	221
Bifurcações duras e bifurcações suaves	222

A REVOLUÇÃO DENTRO DA REVOLUÇÃO:

Ethereum	224
O Ether	225
Contratos inteligentes	227
Oráculos	229
Sistema de Arquivos Interplanetário (IPFS)	230
Serviço de Nomes de Ethereum (ENS)	231
Organizações Autônomas Descentralizadas (DAOs)	231
MakerDAO. Moedas estáveis	232
DAIs, vaults e CDPs	233
Tokenomics: Tokenização da economia	237

Tokenização dos serviços	238
Tokens fungíveis e tokens não-fungíveis (NFTs)	239
Criptogatos	241
Ethereum 2.0	242
Proof of stake (PoS)	243
FINANÇAS	
Finanças descentralizadas (DeFi)	244
Da Web 1.0 para a Web 3.0	245
Pools de liquidez	246
Empréstimos descentralizados	249
Exchanges descentralizadas (DEXes)	250
Agentes automáticos de mercado	251
Tokens sintéticos	253
APLICATIVOS DESCENTRALIZADOS	
Tribunal descentralizado	254
Arte digital programável	255
Decentraland	256
Uma loteria sem perdedores	257
Componibilidade	257
Aposentadoria descentralizada	258
Participação e colaboração. Bounties	259
Seguradoras	260
Educação descentralizada (DeEd)	261
Redes sociais descentralizadas	262
Carteiras de tokens	262
Carteiras e painéis de controle DeFi	263

Protocolos privados dentro de blockchains públicas   264

PRESENTE E FUTURO DO DINHEIRO

Finanças descentralizadas ou finanças abertas?   265

Bitcoin ou Ether?   266

A síndrome de Estocolmo estatal   269

O futuro do dinheiro programável   270

BIBLIO

Capítulo I

CONCEITOS FUNDAMENTAIS DA ECONOMIA

Introdução

Para entender o surgimento da chamada **economia 3.0** precisamos compreender antes o contexto dentro do qual emerge. Mas para entender este contexto torna-se necessário rever antes alguns conceitos básicos sobre Economia. Esse é o propósito deste primeiro capítulo.

O leitor que já é do ramo da Economia, ou ainda é familiarizado com tais conceitos, poderia ser tentado a pular este primeiro capítulo. Entretanto, não é recomendável, pois a abordagem que tomaremos para interpretar estes conceitos será um tanto diferente e também fundamental para compreender as consequências às quais chegaremos.

Como é habitual, para construir algo precisamos de ferramentas e essas ferramentas em ciência são as definições. Entendamos então estas definições, para depois construir os conceitos com os quais poderemos conceber de onde, como e por que emerge esta economia 3.0.

A ECO
O que é a economia?

Uma definição clássica de Economia seria a seguinte:

"A Economia é o estudo de como os indivíduos, as empresas, os governos ou outras organizações sociais tomam decisões e como estas decisões determinam o uso dos recursos da sociedade."

Esta definição é, porém, uma dentre tantas. Realmente, existem muitas maneiras de definir o que é a economia, até porque definições são livres. Cada autor tem de fato sua própria definição, a maioria baseada em critérios *ad hoc*, ou seja, critérios com a finalidade de embasar as próprias ideias do autor.

Atendendo então a esse pragmatismo *ad hoc*, uma definição apropriada para os propósitos deste texto pode ser a seguinte:

> A economia é um sistema complexo formado pelo conjunto de indivíduos de uma sociedade, os quais, na procura pela satisfação pessoal, interagem trocando informação e recursos escassos entre eles ou entre eles e a Natureza.

Esta definição proposta tem pouco a ver com a anterior ou com qualquer definição clássica sobre Economia. Por isso, durante esta seção trataremos de aprofundar nela para, já na próxima seção, analisar as consequências que emergem da mesma. Comprovaremos como, a partir desta definição, chegaremos a pontos de vista completamente diferentes; pontos de vista que as definições tradicionais não atingem.

Em ambas as definições, existe de início uma clara diferença no uso da palavra "economia". Do ponto de vista tradicional a Economia é uma logia, um campo de estudo. Durante este texto, porém, e como assim se extrai da definição proposta, a palavra economia denota um sistema, uma estrutura viva em contínua mudança e adaptação. Para eliminar essa ambiguidade usaremos "economia" com "e" minúscula quando se trate do **sistema econômico**, como assim é denotado na definição proposta e, por ser mais geral, usaremos a palavra "Economia", com "E" maiúscula, para denotar o estudo da mesma, incluindo neste, certamente, o estudo da economia como um sistema, que é precisamente a visão diferente que propomos.

O indivíduo e seus coletivos

"Os ricos selecionam o mais apreciado e agradável. Eles consumem (...) com o propósito de **satisfazer seus insaciáveis desejos**, compartilhando com os pobres o fruto de todos os progressos." Adam Smith

O primeiro que devemos entender na definição é o conceito de indivíduo. Por indivíduo entende-se não só o próprio sujeito, se não também sua propriedade privada. Nesta incluem-se todos os itens que ele possui, os quais chamaremos de **produtos** ou **bens**, além do seu próprio tempo, o qual podemos visualizar como um item quantizado que, como qualquer objeto material, pode ser trocado por outro efetuando um **serviço**. Portanto, em analogia com uma unidade celular, entendemos o indivíduo como uma **unidade econômica**, da qual produtos podem entrar, sair, ficar estocados, serem consumidos internamente ou serem despejados e serviços também podem entrar ou sair, no sentido de serem realizados para, ou por, outra unidade econômica.

Estas unidades econômicas ou, agora que foi esclarecido, indivíduos, na sua procura pela **satisfação pessoal,** satisfação das suas necessidades ou dos seus **desejos**, poderão se agrupar com outros indivíduos para formar estruturas orgânicas mais complexas como famílias, clubes, corporações, condomínios, associações ou empresas. Como se fosse qualquer outra unidade individual, estes coletivos perseguem os mesmos propósitos:

1. Sobreviver, o qual envolve uma **necessidade**.
2. Aprimorar a qualidade da sua sobrevivência, o qual envolve um **desejo**.

E por causa disso, a partir dos objetivos diretos dos componentes individuais é natural que emerjam outros objetivos indiretos como o **lucro**, sem o qual a sobrevivência e manutenção de qualquer unidade econômica não seria factível.

Os coletivos são estruturas das quais também podem entrar ou sair produtos e serviços, ou parte desses produtos podem ficar estocados, serem consumidos ou serem despejados. Portanto, do ponto de vista econômico, os coletivos também atuam como se fossem indivíduos. Eventualmente, então, usaremos o conceito geral de **unidade econômica**, denotando indiferentemente um ente individual ou um ente coletivo.

A economia é um sistema complexo

O segundo detalhe importante, presente na definição, é a interação entre os indivíduos. Essa conexão é inicialmente feita através de trocas de informação *peer-to-peer* entre as próprias unidades econômicas ou entre elas e a Natureza. À medida que essa informação gradualmente se espalha pelo que chamaremos de **ambiente** ou **contexto econômico**, ela é passível de causar estímulos em cada vez mais unidades econômicas, as quais eventualmente podem ser induzidas a realizar mudanças nos seus hábitos de consumo. Portanto, essa troca inicial de informação pode causar mudanças nas unidades econômicas impossíveis de avaliar, as quais, porém, se materializam quando finalmente a troca física é efetivada; troca, a qual, por sua vez, se converte numa nova fonte de informação.

Nesse cenário, a importância desse contexto econômico é capital, pois será este quem, através dessa troca de informações, maiormente influenciará nas decisões particulares das unidades econômicas; decisões como comprar, poupar, gastar, investir ou produzir, que realmente estão associadas com a entrada, saída, estocagem ou despejo de produtos ou serviços previamente mencionada. Por causa destas atividades, já que as unidades econômicas agem ou reagem em função do contexto, ocasionalmente usaremos também o conceito de **agente econômico** como sinônimo.

Esta conexão entre as unidades econômicas, ou agentes econômicos, e seu entorno é recíproca, o qual está embutido no fato de que a economia é um sistema complexo. Neste tipo de sistemas todas as partes que o compõem se encontram inter-conectadas. Isso quer dizer que uma unidade econômica pode tomar uma decisão, a qual afeta direta ou indiretamente ao resto das unidades, as quais tomarão por sua vez suas próprias decisões, as quais em última instância acabarão afetando às unidades econômicas que tomaram essas decisões em primeiro lugar.

O paradigma econômico tradicional

O fato da economia ser um sistema complexo é a parte mais importante, porém a menos relatada nos livros tradicionais da área.

A Economia, como todos os ramos da ciência, se constrói a partir de pilares tradicionais, os quais acabam se tornando muito difíceis de reformar, apesar das claras evidências em contra.

Na prática, de maneira análoga ao sistema econômico, os próprios paradigmas científicos são também construções vivas e ativas, as quais, às vezes, quando há interesses envolvidos, acabam sendo controladas por poderes centrais que evitam seu progresso. Daí a dificuldade de mudar paradigmas em alguns casos.

A Economia não é uma ciência exata

"A economia é um organismo muito sensível." Hjalmar Schacht

A Economia não é uma ciência exata. Também, o método científico, baseado na experimentação e na criação de modelos a partir de dados, não pode ser aplicado, pois em última instância a economia depende do comportamento humano, o qual é individualmente imprevisível. Alguns autores, os menos ortodoxos, não tratam de fato a Economia como uma ciência pura e sim como uma ciência social ou uma praxeologia.

Este livro adere a essa corrente de pensamento ao considerar que, sendo a economia um sistema complexo, as soluções, ao um nível individual, são tipicamente indeterminadas. Inclusive, as consequências de induzir mudanças nos hábitos de indivíduos para produzir resultados esperados, pode, contrariamente, produzir resultados inesperados. Este tipo de dinâmica, particular de sistemas complexos, é o que se conhece como efeito borboleta. O efeito borboleta pode acontecer quando uma dinâmica econômica, baseada em **interações retroalimentadas negativamente**, a qual atua amortecendo as mudanças, de repente se transforma em outra baseada em **interações retroalimentadas positivamente**.

Em última instância, a economia trata das ações humanas, ações que envolvem a satisfação das necessidades ou dos desejos presentes e futuros, os quais são impossíveis de medir e que só podem ser estudados de um ponto de vista qualitativo, através dos **padrões que emergem do conjunto de indivíduos**. Precisamente, a partir desses padrões podemos definir um **comportamento médio**, pois é uma reação psicológica natural agir como outros agem devido ao chamado **efeito manada**. Estes padrões, que emergem do próprio indivíduo, acabam se elevando até as estruturas que eles formam. As unidades econômicas, portanto, são entes altamente influenciados pelo ambiente econômico e perfeitamente adaptadas a ele através desse comportamento médio.

O fato de tratar a economia de um ponto de vista qualitativo entra em contradição com a interpretação ortodoxa da mesma. Esta interpretação convencional considera a economia como um sistema em equilíbrio, e portanto previsível, formado por indivíduos que, como se estes fossem máquinas perfeitamente programadas, tomam individualmente suas decisões agindo sempre racionalmente. Entretanto, se algo caracteriza a economia é justo o contrário: os sentimentos irracionais como o medo à perda ou a empolgação pelos ganhos e principalmente uma clara imperfeição dada pelos erros sistemáticos nas decisões dos indivíduos, tudo dentro de um entorno hostil de flagrante assimetria de informação.

É precisamente esta irracionalidade a que eventualmente provoca bolhas em torno a um determinado produto ou ativo. Bolhas que estes economistas matemáticos não conseguem explicar se não é sob a hipótese de considerar que os indivíduos "se desviaram irracionalmente" do seu comportamento.

Não. A irracionalidade dos indivíduos não pertence ao verbo estar, se não ao verbo ser e, por causa disso, a economia, a qual emerge das interações entre eles, atravessa por situações de equilíbrio temporárias, que são habitualmente quebrados através do estouro de bolhas econômicas de escalas de tempo muito pequenas e das quais emergem novos equilíbrios temporários caracterizados por mudanças drásticas respeito aos períodos de equilíbrio anteriores.

Esta visão dos chamados equilíbrios interrompidos, ou *punctuated equilibria*, é típica de sistemas complexos, e segundo esta, a economia é um sistema sujeito a mudanças intermitentes, sendo estas mudanças rápidas, descontínuas e, sobre tudo, completamente imprevisíveis.

Portanto, a pesar de que em situações de equilíbrio transitório emerjam padrões, os quais possam sim ser estudados quantitativamente, isto é, analiticamente através de modelos, a abordagem mais abrangente para estudar a economia deve ser qualitativa, pois esta abordagem entende que comportamentos irracionais não são anômalos e sim naturais.

A prepotência humana e os arquitetos econômicos

A Economia, como outras ciências que nasceram no impulso do iluminismo, foram muito influenciadas pela física clássica. A física clássica, construída sobre os alicerces da mecânica lagrangiana, acreditava que todos os fenômenos da Natureza eram regidos por equações matemáticas deterministas, para as quais, se eram sabidas as condições iniciais, todo o comportamento ulterior podia ser predito com exatidão. Como afirmava categoricamente Lord Kelvin no final de século XIX, antes de conhecer a verdadeira essência indeterminada da Natureza, introduzida inicialmente pela física quântica: "exceto alguns poucos fenômenos físicos, para os quais apenas são necessárias medidas mais precisas para serem desvendados, a humanidade tem descoberto todos os segredos da Natureza".

No marco desse soberbo impulso nasceram estes economistas matemáticos ou keynesianos, os quais consideravam a economia como um relógio de engrenagens, regido pelas leis da física clássica, que podia ser ajustado perfeitamente à vontade. Logicamente, a maioria dos nossos dirigentes adotaram esta escola de pensamento, pois era a justificativa perfeita para fingir ser necessários para a sociedade. Entretanto, como vamos estudar, o paradigma econômico contemporâneo, construído em base a esta escola keynesiana, com sua Teoria Monetária Moderna, tem convertido esse mecanismo de engrenagens numa grande bomba-relógio; a maior bolha artificial conhecida (*the everything bubble*), susceptível de estourar qualquer dia.

Ao longo dos próximos capítulos trataremos de entender o porquê, mas para isso, antes, torna-se necessário continuar aprofundando na definição sugerida e dominar alguns conceitos de Economia básica, que surgem naturalmente da própria definição.

Os recursos escassos

Dentre todas as espécies da Natureza, a humana é a única ciente de que terá uma vida limitada. Efetivamente, poucos anos depois de nascermos entendemos que nosso tempo de vida algum dia acabará. Ou seja, nosso intervalo temporal se consome inexoravelmente até chegar a um mínimo de zero.

Nosso tempo é, portanto, o principal **recurso escasso**. Um recurso, porém, que devemos usar para sobreviver. Todos nós precisamos nos alimentar e para isso, devemos usar nosso tempo para realizar um trabalho. Assim, usamos esse tempo para efetuar um serviço ou força de trabalho, graças à qual podemos produzir os alimentos necessários para sobreviver ou podemos, alternativamente, trocar essa força de trabalho por dinheiro, e com este comprar esses alimentos. Ou seja, de maneira geral, ao realizar essa tarefa estaremos trocando algo interno, nosso tempo, por algo externo através de um serviço.

Logicamente, já que nosso tempo é limitado, o dinheiro que potencialmente podemos ganhar usando nossa força de trabalho também. Portanto, tanto nosso **tempo** quanto nosso **dinheiro** são **recursos escassos**.

A satisfação pessoal

> "Ao longo da história, a humanidade sofreu duas grandes decepções contra seu inocente amor-próprio. A primeira, vinda da Astronomia, foi aceitar que a Terra nunca foi o centro do Universo. A segunda, vinda da Biologia, foi reconhecer que provemos do macaco, e não de nenhuma criação divina. Existiria, porém, uma terceira, vinda da Psicologia, a qual quer provar que nem se quer o sujeito é dono do seu próprio 'lar'." Do livro: "*A General Introduction to Psychoanalysis*" de Sigmund Freud

Como qualquer outra espécie, nós humanos não agimos com total liberdade, pois todos estamos limitados pelas nossas **necessidades** biológicas e somos irracionalmente levados por nossos **desejos**. Necessidades e desejos que, uma vez cumpridos, nos trazem satisfação pessoal.

Todos nós somos guiados a procurar tal satisfação pessoal, e para isso, precisamos **usar nossos recursos escassos**. Por exemplo, se, dentro de um contexto urbano, tivermos sede podemos usar nosso dinheiro para comprar uma garrafa de água. Já no caso de um contexto rural, podemos usar nosso tempo para ir até o rio mais próximo para coletar água doce, extraindo assim um bem diretamente da Natureza.

Através deste exemplo podemos entender que, ao trocar nossos recursos escassos, tempo ou dinheiro, por água, a própria água passará a ser outro recurso escasso, pois eventualmente também poderá ser usada tanto no presente quanto no futuro para saciar nossa satisfação pessoal. Entretanto, quando assim for, para separar o que é origem do que é fim, diremos que a água será um produto ou um **bem**, e eles, insistimos, uns em maior medida e outros em menor medida dependendo do contexto, **também são recursos escassos**.

Trocas voluntárias

Os indivíduos, portanto, usam seu tempo para exercer um serviço, sua força de trabalho, a qual é usada para diretamente produzir bens, ou para ganhar dinheiro, com o qual indiretamente poderão adquirir esses bens; os bens que eles necessitam ou desejam. Ou seja, de maneira resumida, os indivíduos trocam com o ambiente econômico seus próprios recursos escassos, tempo, dinheiro ou bens, pelos recursos escassos de outros, para assim satisfazer suas necessidades ou desejos tanto presentes quanto futuros.

Curiosamente, essas trocas não consistem apenas em cambiar um item por outro; elas são, de fato, **trocas voluntarias** e isso quer dizer que há uma vontade envolvida nessa troca. Em outras palavras, em cada troca que se produz no sistema econômico há algo a mais, algo imaterial que, ao contrário da materialidade dos itens trocados não pode ser quantificado, mas sem o qual essa troca não seria efetivada. De fato, é justamente essa necessidade ou desejo por um item a verdadeira causa de qualquer troca. Ou seja, a **procura pela satisfação pessoal é o verdadeiro motor da economia**.

Precisamente, é por isso que, insistimos, a abordagem para estudo da Economia deve ser qualitativa, pois se tal enfoque fosse apenas quantitativo estaríamos excluindo da análise a última e verdadeira causa que move as engrenagens da economia.

Entendamos com um exemplo. Suponhamos um colecionador de arte, quem foi informado do preço de venda, digamos 1000 R$, de um quadro feito por um determinado pintor. Sendo assim, se esse pintor decide vender seu quadro por 1000 R$ é porque ele deseja esse dinheiro antes que seu quadro e, da mesma maneira, se o colecionador oferece essa quantia é porque ele deseja esse quadro antes que seus 1000 R$. Dito de outro modo, numa troca voluntária, ambas as partes envolvidas possuem um desejo ou necessidade de efetivá-la; desejos ou necessidades que se satisfazem quando a troca é encerrada.

Este mesmo exemplo nos mostra outro detalhe importante: em toda troca voluntária emerge um fluxo de itens: produtos, serviços ou dinheiro, da parte que menos precisa, ou deseja, para a parte que mais precisa, ou deseja. Ou, de outro ponto de vista, em toda troca voluntária as duas partes implicadas perdem algo a cambio de ganhar outra coisa que necessitam ou desejam mais e, portanto, nenhuma das partes se aproveita da outra; ambas as partes, de fato, ganham com a troca.

Os processos econômicos são irreversíveis

As necessidades e os desejos, portanto, são o combustível que movimenta a economia. Essas necessidades e desejos produzem **demanda** e quando há demanda por um determinado produto ou serviço emerge a **oferta** dos mesmos, ou aumenta a oferta dos poucos produtos ou serviços que já existiam no mercado. Entretanto, tal oferta de produtos e serviços não surge do nada, se não que requer um tempo; um tempo útil.

Efetivamente, para criar um determinado produto de consumo vários **insumos** precisam ser usados e isso requer um serviço. Ou seja, para criar um produto é necessário um tempo, o qual não pode ser recuperado de volta. De fato, qualquer produto de consumo leva embutido o tempo do trabalho de alguém, que efetivamente não pode ser desmanchado e recuperado. Sendo mais técnicos, e de maneira geral para assim incluir a força de trabalho de máquinas, em qualquer montagem, ensamblagem ou criação de um produto houve uma energia jogada no ambiente na forma de calor a qual é irrecuperável. Esse "desperdício", porém, não foi em vão, pois a partir desse serviço foi criado algo; um produto de consumo necessário ou desejável para alguém.

Curiosamente, podemos usar o mesmo raciocínio não só para criar produtos e realizar serviços, mas também para a perícia desse serviço, pois para qualquer unidade econômica se tornar especialista em realizar adequadamente esse determinado serviço precisa-se de tempo; um tempo, o qual novamente, é irrecuperável, pois caso esse serviço se torne desnecessário para a sociedade tal aprendizagem não poderia ser revertida para obter o tempo investido de volta.

Efetivamente, tanto a criação de produtos e a realização de serviços, quanto a formação de expertos capazes de realizar tais serviços são processos que chamaremos **irreversíveis**. O fato de que a economia envolva processos irreversíveis tem interessantes consequências. Uma pregunta cabível, porém, deve ser: será que todos os processos na economia realmente são irreversíveis? Numa troca voluntária entre produtos ou serviços, por exemplo, nenhum produto novo é criado a partir do tempo de alguém. Será então que as trocas voluntárias entre produtos ou entre serviços são realmente irreversíveis?

Para responder a essa pergunta suponhamos um indivíduo que deseja um modelo de específico de celular fabricado por uma empresa determinada. Dado esse desejo, esse indivíduo resolve então comprar o celular, e para isso se dirige fisicamente até a empresa, ou virtualmente até seu site, e troca voluntariamente seu dinheiro pelo celular. Entretanto, dias depois o indivíduo descobre que o celular veio com defeito de fábrica e, sendo assim, deseja devolvê-lo e recuperar seu dinheiro. Aparentemente, a empresa não deseja a devolução, mas por cima de tudo deseja cumprir o contrato de compra-venta, o qual nesse caso permite a devolução do dinheiro, pois do contrário essa informação se espalharia e acabaria perdendo clientes. Portanto, tanto cliente quanto empresa desejam reverter a troca e para isso, o cliente novamente se dirige até a empresa, ou até seu site, e exige a devolução do seu dinheiro, invertendo assim a troca.

Também poderia acontecer que esse cliente, supostamente experto na montagem de *websites*, não deseje um celular novo, se não consertar seu antigo. Sendo assim, a empresa resolve pactuar com seu cliente o serviço do conserto em troca do serviço de melhora do seu *website*. Entretanto, suponhamos, nessa troca de serviços uma ou ambas as partes não gostaram do resultado. Do ponto de vista teórico, esse processo poderia ser revertido, pois a empresa poderia deixar o celular com o defeito que tinha e o cliente poderia desinstalar seu site da empresa, deixando a versão antiga. Contudo, nessa reversão nem sempre tudo fica exatamente como estava. Nem se quer, do ponto de vista prático, essa reversão faria o menor sentido para alguma das partes implicadas. Deduzimos, então, que trocar reversivelmente serviços não é tão factível desde essa perspectiva prática. Na maioria dos casos é ainda impossível (pense-se num corte de cabelo, por exemplo), quando comparada com trocar reversivelmente produtos.

Em qualquer caso, através destes exemplos podemos concluir que, a pesar de que as trocas entre produtos ou serviços possam ser sim quantitativamente reversíveis, há algo a mais que não pode ser obtido de volta. Efetivamente, nos exemplos descritos o cliente e a empresa literalmente perderam seu tempo; um tempo que não pode ser recuperado, a pesar de haver revertido fisicamente as trocas de produtos ou serviços.

Refletindo mais profundamente no primeiro exemplo, vemos que se o cliente perdeu seu tempo para adquirir um celular novo e, posteriormente, recuperar seu dinheiro e a empresa perdeu seu tempo para adquirir o dinheiro e, posteriormente, recuperar seu celular, foi porque em todo momento esse era o desejo de ambos. Portanto, de maneira geral, tanto na criação de produtos ou no uso de um serviço para tal criação, quanto nas trocas diretas de produtos e serviços, as unidades econômicas envolvidas gastam seu tempo voluntariamente porque perseguem satisfazer uma necessidade ou um desejo, os quais são consumidos quando a troca é encerrada. Este raciocínio lógico implica que numa troca voluntária há envolvido algo a mais, diferente dos próprios produtos ou serviços trocados; algo qualitativo, que não pode ser quantificado.

Já que a abordagem mais abrangente para estudar a Economia deve ser qualitativa, concluímos que, devido às necessidades ou desejos, os quais precisam de um tempo para serem satisfeitos (e portanto o consumo de um recurso escasso), todos **os processos da economia são irreversíveis**. E isso, por sua vez, do ponto de vista físico, implica que, há uma transformação do tempo, ou da energia despejada em forma de calor durante esse proceso, em algo que é de utilidade para alguém.

A econômia é um sistema fora do equilibrio

Através da informação recebida do ambiente econômico, os indivíduos, ou seus coletivos, tomam então suas decisões e agem em prol de satisfazer suas necessidades ou desejos. Essa atitude, porém, implica que há uma diferença entre o antes e o depois da troca. Antes de troca há efetivamente um estado latente de necessidade ou desejo, o qual é consumido quando a troca é encerrada.

A minimização desses estados latentes de ação potencial é algo que acontece natural e espontaneamente em todos os sistemas da Natureza. Todos os sistemas tendem, de fato, a um estado de mínima tensão com seu ambiente. Nada muito diferente, portanto, acontece quando os indivíduos agem em prol de resolver suas insatisfações e assim atingir um estado de maior conforto pessoal.

De este ponto de vista, considerando tal estado latente de ação potencial, diríamos que há uma situação de desequilíbrio, pois o indivíduo, como unidade econômica, precisa ou deseja algo do seu entorno. Desta maneira, quando o indivíduo realiza essa troca, esse estado de tensão é finalmente aliviado, pois ele não precisará mais do entorno nem o entorno precisará mais dele. Neste sentido, já que nenhum precisaria trocar mais nada com o outro, haveria se atingido uma situação de **equilíbrio econômico**.

Tal raciocínio lógico nos leva naturalmente a pensar que as necessidades ou desejos dos agentes econômicos são fontes de desequilíbrio. E, portanto, enquanto os indivíduos, ou os coletivos que eles formam, tenham necessidades ou desejos que satisfazer, devemos concluir que o sistema econômico, o qual emerge das interações entre tais unidades econômicas, se encontrará permanentemente **fora do equilíbrio**.

A econômia é um sistema auto-organizado

> "Quanto mais um Estado 'planeja', mais dificulta ao indivíduo planejar." F. A. Hayek

Os sistemas complexos que atuam fora do equilíbrio são fundamentais na Natureza, pois são no entorno deles que, através de processos irreversíveis, emerge espontaneamente padrões ou estruturas ordenadas a partir do caos. Esse processo de geração de ordem de maneira espontânea a partir da desordem é o que se conhece como **auto-organização**.

O conceito de auto-organização tem uma importância capital quando é aplicado a nosso contexto econômico e ele implica no mínimo três corolários:

1. A economia sempre procura maior eficiência, pois o sistema econômico por si só retém o que lhe resulta eficiente e despeja o que não for.

2. O processo de auto-organização acontece natural e espontaneamente, ou seja, sem necessidade de que ninguém o controle ou o dirija.

3. Já que este processo é natural, qualquer dirigente que interfira nele só vai causar um retardamento ou a emergência de soluções piores que as que emergiriam se ele não interferisse.

Sistemas abertos e informação

Em verdade, para que um sistema como é o sistema econômico se auto-organize, as estruturas das quais se compõe, as unidades econômicas, precisam satisfazer certos requisitos. Especificamente, elas devem ser **sistemas abertos**.

Do ponto de vista físico, um sistema é aberto quando:

1. Há uma interação inclusiva com a vizinhança, por meio de uma troca de matéria, parte da qual pode chegar a formar parte do próprio sistema ou ser quebrada para obter energia, sendo os resíduos despejados do sistema.

2. Há uma interação exclusiva com a vizinhança, por meio de uma troca de energia ou informação através da superfície e, portanto, sem que a substância mensageira forme parte do sistema.

Do ponto de vista econômico, as unidades econômicas atuam como sistemas abertos porque podem trocar com a vizinhança substâncias inclusivas, ou seja, itens escassos que podem entrar ou sair da sua propriedade, ou também substâncias exclusivas como **informação**.

Do ponto de vista biológico, a informação se define como o estímulo sensorial que afeta ao comportamento do indivíduo. A informação, portanto, é uma substância exclusiva, tipicamente imaterial ou quase-imaterial, a qual interage com o sistema através da sua superfície. Por exemplo, podem ser ondas eletromagnéticas que estimulam as células fotorreceptoras de nossos olhos, ou ondas acústicas que pressionam a superfície do tímpano, ou oscilações moleculares ou repulsões elétricas que trocam energia através da pele (calor ou pressão) ou substâncias químicas que deixam sua estampa na superfície do paladar e do olfato.

A informação que interage superficialmente através de nossos sentidos deixa efetivamente uma mensagem interna, a qual em última instância é a responsável de que indivíduo sinta uma certa necessidade ou desejo por um determinado produto ou serviço por cima de outro, e acabe, em função disso, tomando uma decisão.

As unidades econômicas são efetivamente sistemas abertos. Poderia-se pensar, porém, que, já que o conjunto de todas as unidades econômicas é finito, o conjunto delas seria então um sistema fechado; fechado no sentido em que se produzem trocas interiores, mas não exteriores. Entretanto, como foi explicitado na definição, e como foi exemplificado com aquele indivíduo que usava seu tempo para ir até o rio, as unidades econômicas podem também trocar produtos ou serviços e informação com a Natureza; a própria Natureza é a verdadeira a fonte de todos os recursos escassos que utilizamos. Em consequência, o sistema econômico em seu conjunto é uma estrutura composta por subsistemas abertos em todas suas escalas.

AÇÕES E REAÇÕES NA ECONOMIA

A optimização dos recursos escassos

Na seção anterior aprendemos que os indivíduos, ou seus coletivos, usam seus recursos escassos e os gastam visando sua satisfação pessoal. Entretanto, já que esses recursos são, como a própria palavra diz, escassos, se torna então razoável que os próprios indivíduos, ou seus coletivos, efetuem um bom gerenciamento de tais recursos. De fato, fazer uma boa gestão desses recursos escassos também traz satisfação, pois dispor destes recursos de maneira perpétua não é só a chave para uma sobrevivência e bem-estar presente, mas também para uma sobrevivência e bem-estar futuro. Desta maneira, é lógico então pensar que as unidades econômicas agirão em prol de **otimizar seus recursos escassos**, maximizando seus ganhos ou minimizando suas perdas.

Entendamos com um exemplo. Imaginemos que, nesse ambiente urbano descrito anteriormente, um indivíduo tem muita sede. Essa sede cria uma insatisfação nele e, por isso, resolve pagar 50 R$ por um 1 litro de água. Esse indivíduo necessita da água e acaba trocando parte de seus recursos escassos, seus 50 R$, por outro, a garrafa de água. Essa água satisfaz sua necessidade, pois acaba com sua sede. Entretanto, nessa troca ele sentiu outra insatisfação, pois julgou que a gestão que fez de seus recursos escassos não foi ótima. Ele deseja aprimorar tal gestão e por isso, a próxima vez, procurará outro fornecedor de água. Dito de outra maneira, o indivíduo procurará uma melhor adaptação ao ambiente; aquela que otimize a gestão de seus recursos escassos.

Essas decisões são muito particulares, pois outros tipos de informação, além da visual dada pelo preço, podem estar envolvidas. Por exemplo, no contexto rural, um indivíduo pode escolher ir até um rio mais distante simplesmente por julgar melhor o sabor da água. Em qualquer caso, nessa decisão, ele haverá escolhido a melhor água atendendo a seus próprios critérios de qualidade. Ou seja, efetivamente, haverá perdido o tempo mínimo para obter o ganho que ele julga máximo e, portanto, indiferentemente, haverá realizado a melhor gestão dos seus recursos escassos.

O lucro

Continuando com o exemplo anterior, suponhamos que a informação da venda dessa garrafa de água chegou visual ou acusticamente até um terceiro indivíduo. Este terceiro indivíduo se encontra desempregado e, sendo assim, tal informação lhe gerou grande insatisfação. Ele então pensa que ele mesmo poderia efetuar esse serviço usando seu tempo para ir até aquele rio de água saborosa e engarrafá-la para posteriormente vendê-la na cidade. Neste caso, se o conseguir, este indivíduo haveria trocado com a Natureza um recurso escasso, seu tempo, para obter outro, a água, a qual, por sua vez, irá ser trocada posteriormente por outro, o dinheiro de algum comprador. Durante toda esta ação, o indivíduo agiu em prol do **lucro**, pois este é uma via indireta de conseguir satisfazer necessidades ou desejos presentes ou futuros.

De forma geral, os produtos ou serviços oferecidos pelos agentes econômicos podem resultar úteis, ou inúteis, para a sociedade. O lucro é, portanto, a maneira em que a economia premia a criação de um produto ou a realização de um serviço que é útil para o mercado. Esta é a forma, então, através da qual a própria economia se auto-organiza, criando, ou mantendo, produtos e serviços que verdadeiramente forem úteis e eliminando os inúteis.

Curiosamente, o próprio lucro é também a forma em que a economia cria estruturas hierárquicas superiores a partir dos indivíduos, pois se num empreendimento individual lucrativo o indivíduo julgar que não está usando um tempo mínimo para obter um lucro máximo, então ele será espontaneamente levado a procurar parcerias. Ou seja, a satisfação através do lucro é a maneira mediante a qual a economia se auto-organiza e cria naturalmente estruturas superiores que, em seu conjunto, são mais eficientes no uso dos recursos escassos que as estructuras individuais.

A oportunidade

Dada então essa procura pelo lucro, e dado que nas trocas envolvidas para obter tal lucro as entradas de produtos ou serviços de uma unidade econômica estão atreladas às saídas de produtos ou serviços de outras, o ambiente econômico se torna aparentemente um lugar hostil onde, visando a melhor gestão dos recursos escassos, tais unidades econômicas procuram ganhos máximos que acarretem perdas mínimas.

Dentro deste ambiente econômico em contínua mudança, emergem, porém, **oportunidades** de ganho líquido que são aproveitadas pelas unidades econômicas na sua necessidade vital de sobreviver e no seu desejo de melhorar sua sobrevivência. Contudo, tais oportunidades só serão energeticamente favoráveis, ou digamos, lucrativas, se o retorno desse empreendimento for maior que o investimento feito por essa unidade econômica usando seus recursos escassos: seu tempo ou seu dinheiro/bens. Ou seja, uma oportunidade será lucrativa se nas trocas envolvidas os ganhos se tornam maiores que as perdas.

Incentivos

As oportunidades que emergem na economia não são todas iguais, pois umas serão mais lucrativas que outras. Sendo assim, logicamente, as unidades econômicas serão maiormente movidas a agir nas tarefas que forneçam maior lucro, ou equivalentemente, nas tarefas que façam minimizar, ou exaurir, o mais rapidamente possível essas oportunidades de lucro.

Esse fenômeno não é nada diferente do que acontece na Natureza. Do mesmo jeito que a água não escorrega em qualquer direção, senão sempre através dos caminhos mais abruptos, ou a corrente elétrica não se move para qualquer lugar, senão sempre no sentido do mínimo de energia potencial, ou o ar não se movimenta aleatoriamente, senão sempre para as zonas de menor pressão atmosférica, ou o calor não se transfere para qualquer direção, se não maiormente no sentido dos corpos mais frios, as unidades econômicas não agirão de qualquer maneira, senão segundo aquela que faça otimizar seus recursos escassos. Portanto, da mesma maneira que afirmamos que sobre os corpos emergem forças motrizes que os induzem a se movimentar na direção do chamado gradiente, devemos afirmar também que sobre as unidades econômicas emergem **incentivos** que as induzem a agir naquelas oportunidades que lhes forneçam um lucro máximo usando um tempo mínimo.

Essa abordagem de como os incentivos emergem através do lucro não é nova, pois há mais de 300 anos o considerado pai de Economia, Adam Smith, já afirmava brilhantemente que "não é da benevolência do açougueiro, do cervejeiro e do padeiro que esperamos o nosso jantar, mas da consideração que eles têm pelos seus próprios interesses", aliás, o interesse deles pelo lucro.

Sem lucro não há incentivos

A procura pelo lucro é efetivamente a força natural que leva os indivíduos a aproveitar oportunidades e empreender, e sendo assim, se o lucro for eliminado, também seria eliminado o incentivo ao empreendedorismo. Logo, **sem lucro não há incentivos**.

Durante as últimas décadas, emergiram teorias políticas paranoicas, as quais, ludibriando a população através de sentimentos irracionais como o medo, a pena ou a inveja, atacaram e demonizaram a visionários e empreendedores, que arriscaram seu tempo e seu capital em busca do lucro.

Estas políticas perseguidoras e controladoras do lucro se tornaram um completo fracasso, pois se o Estado é quem controla o lucro dos indivíduos, ou o monopoliza, estes não terão então nenhum incentivo em criar parcerias e formar empresas. Sem empresas não há emprego e sem emprego as famílias não têm renda. Sem renda o povo não consome, virando dependente do Estado para receber comida, e se as pessoas não consomem o Estado não arrecada através de impostos diretos ou indiretos.

Punir o lucro é, portanto, algo completamente ilógico e irracional, e que só leva a uma lenta e lacerante destruição de uma nação, desde dentro e pouco a pouco.

Monopólio do lucro

O sucesso de uma civilização depende das fontes de energia à sua disposição, as quais estão intimamente ligadas, direta ou indiretamente, aos gradientes. Por exemplo, a energia hidráulica é extraída de um gradiente de energia potencial gravitacional, a energia solar é extraída de um gradiente de temperaturas ou a energia cinética que faz os automóveis se movimentarem é extraída da queima de combustível fóssil, o qual produz um enorme gradiente de pressão, que impulsiona os pistões de um motor.

Da mesma maneira, os gradientes com diferentes oportunidades de lucro que emergem no ambiente econômico são aproveitados pelas unidades econômicas. Inicialmente, os pioneiros são os que mais se beneficiam. Entretanto, à medida que cada vez mais unidades tiram proveito o benefício individual tende a ser tão limitado que só acabam se lucrando os indivíduos, ou as unidades econômicas, que se tornam eficientes na exploração de tal oportunidade. Ou seja, aqueles que conseguem produzir mais por menos.

Essa livre concorrência desemboca em um negócio cada vez menos lucrativo para os empreendedores, mas que beneficia ao conjunto da sociedade ao dispor de preços mais baixos. Entretanto, quando emerge um indivíduo particular como é o Estado, o qual detém o monopólio da força, ele acabará tomando conta desses gradientes, controlando-os parcialmente, através de uma cobrança de impostos, ou totalmente, oligopolizando ou **monopolizando o lucro**. Nesses casos, o conjunto da sociedade sai prejudicada, pois quando a livre concorrência é inibida aquele com o poder dos gradientes poderá intervir os preços quando e como quiser.

Interações econômicas

Como estudamos na seção anterior, toda troca voluntária

envolve uma necessidade ou desejo mútuo de realizar tal troca. Daí a palavra voluntária. Todas as unidades econômicas precisam ou desejam itens (produtos, serviços ou dinheiro) de outras unidades econômicas e, por isso, emergem continuamente interações entre elas, as quais poderíamos denominar como **relações simbióticas**, pois em toda troca voluntária ambas as partes saem beneficiadas.

Quando as trocas são voluntárias, as necessidades ou desejos implícitos atuam como motores da economia. As unidades econômicas se agrupam da maneira mais eficiente e, atendendo à demanda da sociedade, as inovações emergem, as quais, por sua vez, geram novos empregos e novas agrupações ainda mais eficientes que as anteriores para explorar as pequenas e efêmeras oportunidades de lucro. Ou seja, quando há vontade nas trocas, a economia espontaneamente se auto-organiza.

Entretanto, quanto as trocas não são voluntárias e sim forçadas, todo esse belo e natural arranjo se desmancha. Quando duas unidades econômicas estabelecem uma interação através da qual uma das partes não concorda com a troca, essa interação se torna uma **relação parasitária**, pois apenas uma das unidades é quem sai beneficiada.

Como veremos ao longo dos próximos capítulos, no decorrer da história, a relação entre o Estado e seus cidadãos é cada vez mais opressora, pois estes são forçados a realizar trocas com as quais de maneira geral não concordam. Este tipo de interações deturpam a beleza, a naturalidade e a espontaneidade dos processos econômicos e acabam destruindo gradualmente o sistema através da morte do parasitado.

Trade-offs dos indivíduos

A economia está formada, em última instância, pelo conjunto de indivíduos de uma sociedade, os quais diariamente devem tomar inúmeras decisões. Já que o tempo e o dinheiro que cada indivíduo possui são recursos limitados, é normal que estes tenham que tomar decisões que envolvam a melhor gestão de tais recursos, e nessa escolha, alguma decisão deverá ser tomada em detrimento de outra. Ou seja, em palavras corriqueiras, para conseguir algo sempre haverá que sacrificar outra coisa. Esse sacrifício é o que se denomina **trade-off do indivíduo**, ou das unidades econômicas, e sempre envolverá um custo de tempo ou dinheiro; o chamado custo da oportunidade.

Como exemplo, ler este livro será uma escolha do leitor, que dedicará seu tempo a essa tarefa em detrimento de, por exemplo, trabalhar. Neste caso, trabalhar será o *trade-off* do leitor, e esse sacrifício acarreta um custo, pois se, ao invés de ler tivesse dedicado seu tempo a trabalhar provavelmente teria ganho um dinheiro que não ganhará enquanto estiver lendo este livro.

Toda vez que sacrificamos nosso tempo em prol de outra tarefa alternativa é porque essa é nossa melhor decisão. O autor é consciente do *trade-off* que o leitor faz ao escolher este livro. Por isso, o mesmo se compromete a que a leitura deste texto seja mesmo a melhor decisão do leitor.

Trade-offs da economia

As ações e reações dos indivíduos elevam-se ao conjunto

do sistema econômico, formado por todas suas unidades, o qual acaba se comportando como se fosse outro indivíduo qualquer, tomando suas próprias decisões na procura da maior eficiência. Efetivamente, no processo de auto-organização emergem inovações que trazem novos produtos ou novos serviços ao mercado, os quais tornam os anteriores ineficientes, levando-os a sua extinção. Entretanto, se isso acontece é porque a economia tomou sua melhor decisão; decisão sábia e necessária. Inovações, portanto, não devem ser entendidas como algo ruim, pois nesse processo os benefícios do coletivo superam amplamente as perdas dos prejudicados.

Estas perdas colaterais associadas a mudanças necessárias na sociedade são o que poderíamos denominar **trade-offs da economia**. Um claro exemplo disto é a inovação dos aplicativos de carona que, ao diminuir os custos do transporte, trazem grandes benefícios para a sociedade, que agora terá mais dinheiro para gastar em itens de maior utilidade. Neste contexto, a perda potencial de empregos dos taxistas seria o *trade-off* econômico da inovação trazida pelos aplicativos de carona. Como vemos, através dos *trade-offs* econômicos, as utilidades se internalizam e as inutilidades são despejadas do sistema econômico.

A partir deste exemplo podemos concluir que na economia não existem soluções perfeitas, pois toda mudança econômica natural agradará à maioria, mas certamente desagradará a uma minoria.

Protecionismo

Os *trade-offs* econômicos sempre acarretam grandes

incômodos a nossos dirigentes, que ao invés de abraçar e aceitar as inovações engendradas belamente pelo mercado, colocam todo tipo de empecilhos para que estas não progressem, apesar de serem benéficas para a grande maioria da sociedade. Principalmente se nesse *trade-off* estão envolvidas grandes corporações, grandes empresas estatais ou grupos de votantes fiéis.

A gestão que nossos dirigentes fazem dos *trade-offs* econômicos, levando a cabo um **protecionismo** a seus grupos de interesse, é uma das primeiras razões pelas quais o sistema econômico contemporâneo não está construído a partir de incentivos corretos. Um dirigente não tem que proteger ninguém. No máximo, só deveria proteger a liberdade do mercado. Mas já que o mercado é um sistema complexo que se auto-organiza por si só, sem a ajuda de ninguém, arquitetos econômicos são completamente prescindíveis.

Antes de continuar, merece a pena abrir um pequeno parêntese para salientar que em momento algum o autor está dando sua opinião. O leitor deveria observar que apenas está se usando a definição proposta de economia, feita na primeira seção deste capítulo, e levando-a até suas últimas consequências. Parêntese fechado. Continuemos.

A questão do protecionismo é bastante discutida hoje em dia dentro do marco da guerra comercial entre os EUA e a China. Neste contexto, o governo americano pretende proteger suas empresas nacionais da sua provável falência, ante a clara vantagem dos produtos importados da China, os quais são cada vez de maior qualidade e certamente mais baratos que os americanos. Com essa política protecionista, o governo americano talvez consiga salvar suas empresas, apesar de terem se tornado ineficientes, mas à custa de prejudicar a toda sua população, que terá que pagar mais caro pelos seus produtos nacionais.

Protecionismo pode ser ótimo para nossos dirigentes e para os setores específicos que estão sendo resguardados, mas não assim para o conjunto da sociedade. Setores não precisam ser protegidos, pois, já que a economia não fornece soluções perfeitas, não são necessários governantes populistas que pensem que eles as trarão. A economia não precisa de engenheiros sociais. Apenas precisa do chamado *laissez-faire*, ou seja, deixá-la agir por si só, pois assim é como traz o máximo benefício para a sociedade.

O significado do preço

No processo de auto-organização, a economia, agindo através do mercado, não está preocupada com o que for melhor para um indivíduo particular ou para um coletivo, se não com o que for melhor para a própria economia, e consequentemente, para a sociedade. Resulta curioso como, quando um produto ou um serviço se torna mais barato, as pessoas aceitam e defendem o livre mercado, mas o atacam, e procuram nossos dirigentes para que estes controlem preços e punam empresários, quando o preço sobe.

É importante entender que o preço é o único mecanismo que o mercado tem para ele se auto-regular. Por exemplo, quando o preço de um produto cai, o mercado estaria mandando uma clara mensagem às partes implicadas:

1. Aos consumidores, para que estes aumentem sua demanda por esse produto, pois ao ser mais barato o incentivo para comprá-lo será maior.

2. Aos produtores para que estes ofertem menos unidades desse produto, pois ao ser mais barato o incentivo para produzi-lo será menor.

Desta maneira, através deste mecanismo natural de homeostase, se esse aumento da demanda é atendido pelos consumidores ou essa diminuição da oferta é atendida pelos produtores, o preço subirá até se reequilibrar. Entretanto, se nenhuma destas condições for atendida, o preço desse produto continuará caindo porque essa é a maneira através da qual o mercado reforça a mensagem de que esse produto não é mais desejado ou necessário para a sociedade, levando sua produção a uma extinção necessária.

De maneira análoga, quando o preço de um produto sobe, o mercado estaria mandando uma clara mensagem às partes implicadas:

1. Aos consumidores, para que estes diminuam sua demanda por esse produto, pois ao ser mais caro o incentivo para comprá-lo será menor.

2. Aos produtores, para que estes ofertem mais unidades desse produto, pois ao ser mais caro o incentivo para produzi-lo será maior.

Desta forma, através também deste mecanismo natural de homeostase, se essa diminuição da demanda é atendida pelos consumidores ou esse aumento da oferta é atendida pelos produtores, o preço cairá até se reequilibrar. Entretanto, se nenhuma destas condições for atendida, o preço desse produto continuará subindo porque essa é a maneira através da qual o mercado reforça a mensagem de que esse produto é desejado ou necessário para a sociedade.

Assim é como o mercado funciona e também a maneira em que ele, agindo livremente, é mais eficiente para a sociedade. Qualquer tipo de intervenção nos preços, imposta por arquitetos soberbos que se julguem mais inteligentes que o mercado, só interferirá no processo de auto-organização da economia, e portanto, só trará um prejuízo maior para a sociedade.

Um claro exemplo destas intervenções é o tabelamento dos preços. Quando o preço de um produto sobe, os produtores, na procura pelo lucro, têm um grande incentivo em produzir mais unidades desse produto ou em buscar uma maneira mais barata de produzi-lo. Porém, se o preço do produto é tabelado, impedindo sua subida natural, então os produtores não possuem mais esse incentivo. Desta maneira, o tabelamento do preço sempre acabará desembocando irremediavelmente na escassez dos produtos.

Escassez que, além disso, é reforçada pelo fato de que, em situações de pânico, as pessoas compram impulsivamente, mesmo sem precisar, e mesmo sem se preocupar pelos outros. A subida natural do preço, portanto, é saudável porque evita que alguém compre todos os produtos e acabe com o estoque. Se o preço subir, esse indivíduo pensará duas vezes antes de esgotar o estoque, deixando a possibilidade de que outros, que verdadeiramente precisem desse produto, tenham acesso a ele.

Homeostase dos preços

É interessante então observar que, quando um produto ou serviço é desejado ou necessário, a própria oferta e demanda atuam como mecanismos naturais para reequilibrar o preço ante qualquer mudança do mesmo. Este mecanismo de estabilidade é o que poderíamos denominar **homeostase dos preços**. Curiosamente, a homeostase é típica dos sistemas complexos abertos, dentre eles os seres vivos.

Por exemplo, nosso próprio corpo dispõe de vários mecanismos de homeostase, fundamentais para manter a vida através de processos bioquímicos e biofísicos. Dentre eles estão:

- Manter uma temperatura estável de 37°.

- Manter uma concentração constante de glicose no sangue.

- Manter um nível fixo de pH no sangue.

- Manter uma concentração regular de cálcio, sódio e potássio.

Para que a homeostase funcione, algum processo de **retroalimentação negativa** deve estar envolvido, pois desta maneira, a mudança de alguma variável induz a ativação de outra, a qual reverte a primeira e a reequilibra. Isso é precisamente o que estudamos no assunto anterior, na qual subidas de preço são revertidas por diminuições na demanda dos consumidores ou por aumentos na oferta dos produtores, e analogamente quando o preço cai.

Entretanto, nem sempre a homeostase é mantida. De fato, quando um produto não é mais necessário para a sociedade, a **retroalimentação** se torna **positiva**, pois a queda do preço de um produto que não acaba sendo consumido leva a uma diminuição da sua oferta, a qual leva a uma diminuição ainda maior na sua demanda, tipicamente porque os consumidores procuraram um substituto.Retroalimentações positivas podem efetivamente emergir naturalmente para provocar a extinção de um produto ou serviço. Entretanto, também podem surgir, no processo inverso, para sua criação e expansão pelo mercado. De fato, os produtores podem inovar testando a criação de algumas poucas unidades dos seus produtos ou serviços. Se esse teste se encaixar com as necessidades ou desejos dos consumidores, então emergirá uma súbita demanda (Lei de Say), que levará a um aumento da sua oferta, a qual, por sua vez, levará a novos aumentos na sua demanda, e o processo se retroalimentará positivamente até que oferta e demanda se equilibrem, entrando em homeostase.

Infelizmente, como veremos, a intervenção da economia também quebra a homeostase dos preços, mas de maneira artificial, e acaba produzindo consequências dramáticas como os eventos de hiperinflação, nos quais se ativa uma retroalimentação também positiva, através da qual os preços saem do equilíbrio e perdem o controle, subindo drasticamente.

OFERTA E DEMANDA

A lei da demanda

As vontades subjetivas dos consumidores de bens e serviços são realmente incertas, pois cada consumidor possui um contexto econômico diferente e um desejo impossível

de medir. Contudo, poderíamos afirmar que as vontades dos consumidores seguem um certo padrão médio chamado de **lei da demanda**.

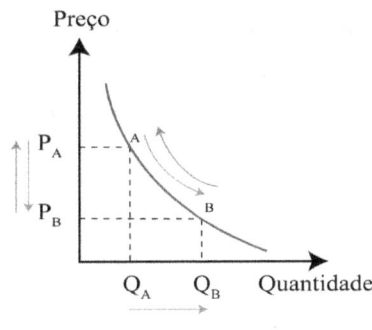

A lei da demanda estabelece que quanto menor for o preço de um produto ou serviço (seta verde no eixo vertical), maior será o incentivo por consumi-lo, e portanto, maior será a quantidade de produtos ou serviços (seta verde no eixo horizontal) que o consumidor demandará. Já ao contrário, quanto maior for o preço de um produto ou serviço (seta vermelha no eixo vertical), menor será o incentivo por consumi-lo, e portanto, menor será a quantidade de produtos ou serviços (seta vermelha no eixo horizontal) que o consumidor demandará.

O significado de demandar

É importante aprofundar em alguns detalhes respeito ao significado de demandar. A curva de demanda é de fato uma construção imaginária, pois envolve necessidades e desejos subjetivos impossíveis de avaliar. Entretanto, a pesar de que o comportamento de indivíduos específicos é imprevisível, o comportamento da maioria tende a se agrupar ao redor de um certo padrão médio.

Para entender tal reação, e suas consequências, escolhamos alguns pontos A, B, C do plano e suponhamos vários compradores com vontade de consumir, por exemplo, maçãs.

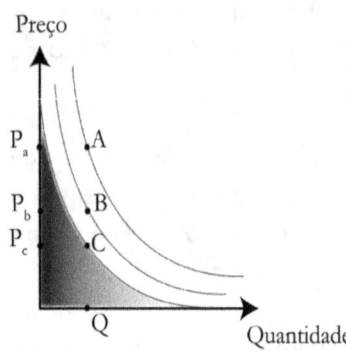

Ou seja, consumidores dispostos a trocar seu dinheiro por uma determinada quantidade Q de maçãs. Tal vontade dos consumidores forma a curva de demanda, a qual, suponhamos, passa pelo ponto C. Sendo assim, a maioria dos consumidores apenas comprariam essas Q maçãs se seu preço fosse P_C. Contudo, caberia nos perguntar, por que a curva de demanda passa por C e não por outro ponto?

Em verdade, alguns poucos consumidores estariam mesmo dispostos a trocar Q maçãs por um preço P_A, bastante mais alto que P_C. Entretanto, a grande maioria dos consumidores não estaria disposta a realizar essa troca, pois eles visam a melhor gestão de seus recursos escassos. Essa atitude se deve a que o dinheiro que eles possuem teria subjetivamente mais valor que as Q maçãs desejadas ao preço P_A.

Já se, ao invés de P_A, o preço fosse P_B, o incentivo por consumir aumentaria. De fato, mais consumidores que antes se animariam a efetuar tal troca. Entretanto, ainda a grande maioria também não o veria claro. Esta atitude ainda reticente se deve a que, para esta maioria, seu dinheiro ainda teria subjetivamente mais valor que as Q maçãs negociadas pelo preço P_B. Contudo, essa diferencia já não seria tanta.

Portanto, apenas quando o preço é P_C, essa grande maioria de consumidores estaria disposta a efetuar tal compra. Essa atitude indica que sua percepção mudou no sentido em que, agora, para eles, essas Q maçãs valem subjetivamente um pouco a mais do que o dinheiro pago por elas. Esta mudança de percepção representa de fato a situação limite, pois daí para baixo, para qualquer preço menor que P_C, todos os consumidores iriam aceitar tal troca, dando já mais valor a essas Q maçãs do que ao dinheiro que seria pago para comprá-las.

Através desta reflexão lógica, podemos então concluir que:

1. Toda troca envolve um dilema, no qual está envolvido a otimização dos recursos escassos. De fato, em toda troca o consumidor deve ponderar que item tem mais valor: o dinheiro que ele possui ou o produto ou serviço que ele deseja.

2. O produto ou serviço demandando é adquirido apenas se, após tal ponderação, o ganho com a troca é maior que a perda.

3. A curva da demanda representa o caso limite a partir do qual, para a maioria dos consumidores, o produto ou serviço demandado teria ligeiramente mais valor que o dinheiro oferecido para adquiri-lo.

4. Tais julgamentos são completamente subjetivos e, portanto, o comportamento dos consumidores, o qual provoca mudanças na curva demanda, atende a fatores conjunturais efetivamente impossíveis de predizer.

5. Atendendo ao princípio da optimização dos recursos escassos, nesse julgamento, o valor atribuído a um item, seja o dinheiro, o produto ou o serviço demandado, depende fortemente de qual for mais escasso. Contudo, já que as necessidade e desejos das pessoas estão limitadas pelo seu dinheiro, **a demanda por produtos ou serviços dependerá da abundância desse dinheiro na economia.**

Mudanças na demanda

As vontades dos consumidores de bens e serviços dependem de um contexto, o qual está em contínua mudança. Por isso, a curva da demanda não é fixa, se não que pode se deslocar para cima ou para abaixo em função das necessidades e desejos dos consumidores atuantes no mercado.

Pode acontecer, por exemplo, que os indivíduos, ao se aproximar uma data especial como o natal, aumentem sua vontade de consumir. Sendo assim, eles não ficarão receosos de pagar mais (provocando uma mudança no preço de P para P') pela mesma quantidade Q de produtos, forçando a um deslocamento para cima da curva da demanda. A interpretação é que, dada essa empolgação, os consumidores dão mais valor aos produtos ou serviços de que ao dinheiro pago por eles.

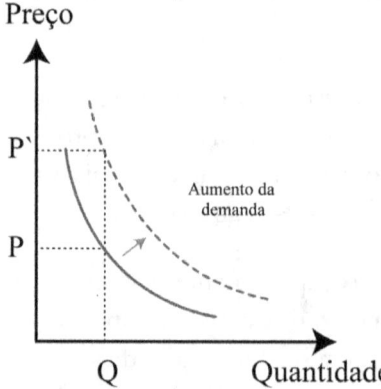

Já ao contrário, depois de uma época de consumo excessivo, os indivíduos pensarão duas vezes na hora de consumir. Isso produzirá um deslocamento para baixo da curva, o qual provocará que o preço de uma determinada quantidade de produtos Q passe de P para P'. A interpretação é que os consumidores dispõem de maneira geral de menos dinheiro para satisfazer suas necessidades ou desejos. Ou de outro ponto de vista, os consumidores dão mais valor a seu dinheiro, agora mais escasso, do que aos produtos ou serviços desejados.

A lei da oferta

As necessidades ou desejos subjetivos dos produtores de bens e serviços também são incertos, pois cada um deles tem um contexto diferente e umas preferências particulares impossíveis de medir. Porém, podemos estimar o comportamento médio dos produtores através da chamada **lei da oferta**.

A lei da oferta estabelece que quanto menor for o preço de um produto ou serviço no mercado (seta vermelha no eixo vertical), uma menor quantidade será ofertada pelo empresário (seta vermelha no eixo horizontal), pois ele terá um menor incentivo a fazê-lo. Já se o preço de um produto ou um serviço for maior (seta verde no eixo vertical), uma maior quantidade será ofertada (seta verde no eixo horizontal), pois maior será também o incentivo.

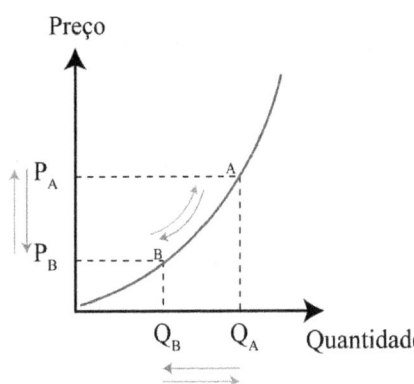

O significado de ofertar

Aprofundemos também mais um pouco no significado de ofertar. Para isso, usemos agora como o exemplo a contraparte: agricultores de maçãs, os quais pensam em ofertar uma quantidade Q delas por 3 preços diferentes.

Se tal quantidade Q de maçãs fosse ofertada por um preço P_A baixo demais, alguns poucos agricultores talvez se animariam a realizar essa venda. Porém, de maneira geral, para a maioria deles, ofertar a um preço tão baixo não seria lucrativo, ou seja, não mereceria a pena trocar maçãs por dinheiro. Isto é, para eles essas maçãs teriam subjetivamente mais valor que o dinheiro que receberiam por elas.

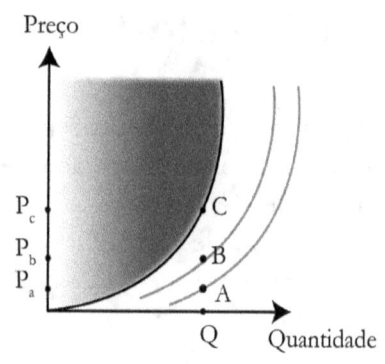

Se o preço da venda subisse agora para P_B, mais agricultores estariam dispostos a vender por esse preço. Porém, a grande maioria ainda seria reticente a essa troca. Em consequência, para eles as maçãs ofertadas ainda teriam mais valor que o dinheiro que receberiam por elas, mas já nem tanto.

Desta maneira, apenas quando o preço é P_C a situação mudaria, pois por esse preço a grande maioria de agricultores julgaria que há ligeiramente mais valor no dinheiro que eles receberiam do que nas maçãs que eles ofertariam, e sendo assim, eles estariam dispostos a efetuar tal troca.

Evidentemente, a partir daí, para qualquer preço por cima

de P_C, todos os agricultores sem exceção dariam mais valor ao dinheiro que receberiam do que a essas Q maçãs à venda e, portanto, estariam dispostos a realizar tal troca sem duvidar.

Através desta reflexão lógica, podemos então concluir que:

1. Toda troca envolve um dilema, no qual está envolvido a otimização dos recursos escassos. De fato, em toda troca o produtor deve ponderar que item tem mais valor: o produto ou serviço ofertado ou o dinheiro que receberia por ele.

2. O produto ou serviço ofertado é vendido apenas se, após tal ponderação, o ganho com a troca é maior que a perda.

3. A curva da oferta representa o caso limite a partir do qual o dinheiro recebido teria mais valor, para a maioria dos produtores, que o produto ou serviço ofertado.

4. Tais julgamentos, apesar de parecerem objetivos, pois cada produtor está limitado pela margem de lucro, acabam sendo completamente incertos, pois a oferta de produtos ou serviços depende de tantas variáveis, muitas delas acopladas e outras imprevisíveis que, o comportamento dos produtores se torna também impossível de predizer.

5. Atendendo ao princípio da optimização dos recursos escassos, nesse julgamento, o valor atribuído a um item, seja o dinheiro, ou o produto ou serviço ofertado, depende fortemente de qual for mais escasso. Contudo, já que, ao contrário do dinheiro, a oferta de produtos ou serviços estão limitados pela Natureza, **o valor relativo atribuído a um item dependerá**

principalmente da abundância do dinheiro na ecnomia.

Mudanças na oferta

As necessidades e desejos dos produtores de bens e serviços efetivamente dependem de um contexto em contínua mudança. Desta maneira, pode acontecer, por exemplo, que umas condições meteorológicas excepcionais forneçam uma ótima colheita de um determinado produto. Sendo assim, os produtores, neste caso agricultores, terão que oferecer uma maior quantidade de produtos (passando de Q para Q') pelo mesmo preço P, pois do contrário teriam que jogar eles fora, provocando um aumento da oferta no mercado. Essa atitude se deve a que eles dão mais valor ao dinheiro do que aos produtos ofertados, já que estes se tornaram muito abundantes.

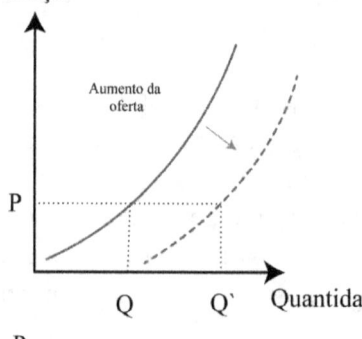

Entretanto, pode acontecer que umas chuvas torrenciais estraguem a colheita, fazendo com que a quantidade de produtos oferecidos pelos agricultores ao mesmo preço P seja menor (passando de Q para Q'), provocando uma diminuição da oferta no mercado. Essa atitude se deve a que nessa situação os agricultores dão mais valor aos produtos ofertados, já que estes se tornaram mais escassos que o dinheiro que iam receber por eles.

Mecanismo da geração do preço: lei da oferta e da demanda

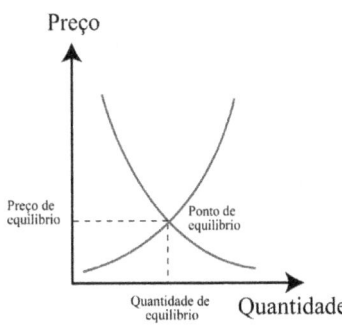

Se juntarmos as vontades dos consumidores que demandam determinados bens e serviços (curva decrescente) com as vontades dos ofertantes desses bens e serviços (curva crescente), emerge um ponto no cruzamento de ambas as curvas conhecido como ponto de equilíbrio. A projeção desse ponto de equilíbrio no eixo vertical e no horizontal marcaria qual seria o preço que essa quantidade específica de produtos ou serviços teria no mercado. Este, portanto, é o **mecanismo da geração do preço** no mercado.

De outro ponto de vista, esse ponto de equilíbrio estabelece uma coincidência entre o valor máximo que os compradores estariam dispostos a pagar com o valor mínimo que os vendedores estariam dispostos a aceitar.

INFLAÇÃO E
DEFLAÇÃO

Mudanças nos preços dos bens ou dos serviços

Tanto a demanda dos consumidores quanto a oferta dos produtores não é fixa, senão sujeita a mudanças causadas por fatores que podem ser inúmeros.

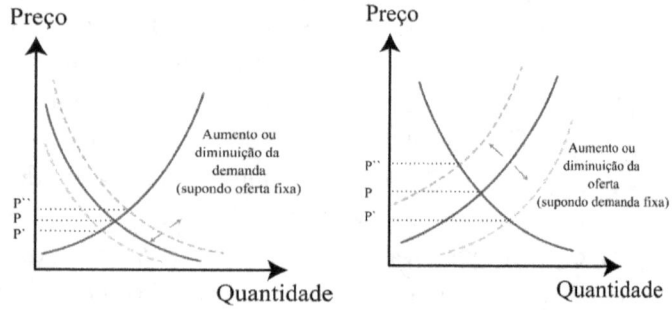

Por exemplo, supondo uma oferta fixa, um aumento da demanda por um determinado produto ou serviço provocará um aumento do seu preço, mudando-o de P para P", e, ao contrário, uma diminuição da demanda por um determinado produto ou serviço provocará uma queda do seu preço, mudando-o de P para P'.

Analogamente, supondo uma demanda fixa, um aumento da oferta por um determinado produto ou serviço provocará uma queda do seu preço, mudando-o de P para P', e, ao contrário, uma diminuição da oferta por um determinado produto ou serviço provocará uma subida do seu preço, mudando-o de P para P".

Aumentos ou diminuições na demanda, mantendo a oferta fixa, e aumentos ou diminuições na oferta, mantendo a demanda fixa, são, porém, suposições teóricas usadas para facilitar a compreensão, as quais não tem por que acontecer. Efetivamente, tanto a oferta quanto a demanda podem mudar independentemente.

Inflação e deflação

Por diversos motivos (modas, vontades, expectativas, ...) pode acontecer que a demanda por um determinado produto cresça fora do normal. Por outros tantos motivos (tributação excessiva, condições climatológicas adversas, encarecimento de insumos, barreiras na importação, aumento da exportação, ...) também poderia acontecer que a oferta por um determinado produto ou serviço diminua consideravelmente. Como acabamos de estudar, a lei de oferta e da demanda determina que, por qualquer uma dessas razões agindo individualmente, ou pelas duas atuando conjuntamente, o preço desse produto ou serviço tenderá a subir.

Subidas ocasionais dos preços de determinados produtos ou serviços são normais na economia e até saudáveis, pois os consumidores serão incentivados a procurar substitutos e os produtores serão incentivados a ofertá-los, o qual fortalece a estrutura do mercado. Entretanto, quando a subida dos preços é generalizada, não há substitutos onde acudir. Essa falta de opções causa um profundo impacto econômico e social, que afeta principalmente as famílias de baixa renda. A subida geral dos preços é um importante fenômeno econômico conhecido como **inflação**. O processo inverso, a **deflação**, definido como uma queda geral dos preços pode também acontecer. Porém, pelas razões que descreveremos na próxima seção, a economia é arquitetada para evitar cenários deflacionários.

A inflação (potencial) é um fenômeno monetário artificial

> "A inflação é sempre, e em qualquer lugar, um fenômeno monetário."
> Milton Friedman

Ao analisar as causas que, ao longo da história, desembocaram em eventos de inflação, os economistas não chegam a um consenso. Por um lado, a escola keynesiana, base da corrente ortodoxa da Economia, acredita que a inflação é um fenômeno "**natural**" numa economia com pouco desemprego, e sendo assim, eles consideram necessário a interferência econômica de alguma instituição, tipicamente um governo, para assim "proteger" sua população da inflação.

Para os keynesianos, a inflação tem o significado de subida generalizada dos preços e, como quem sobem os preços são os empresários, pois eles não têm outra opção que repassar a alta do preço dos insumos para o consumidor, estes acabam sendo apontados como os vilões da inflação. Vilões contra os quais emergem os super-heróis dos políticos, colocando-se como os "salvadores" da população.

Por outro lado, a corrente heterodoxa, a escola austríaca, acredita que a inflação é um **fenômeno completamente artificial**, o qual se deve a um aumento do dinheiro e do crédito na economia não correspondido por um aumento na sua demanda, e cujos únicos responsáveis são os governos.

Sob este ponto de vista, o aumento da massa monetária na economia seria a causa e a potencial subida geral dos preços seria a consequência. Sendo assim, para escola austríaca a inflação teria o significado de inflar, ou seja, de inchar a base monetária.

Observe-se então a diferença entre os dois pontos de vista: uma coisa é que os preços inflem "naturalmente", inflação segundo a escola keynesiana, e outra inflar artificialmente a massa monetária, a qual potencialmente provocará subida dos preços, inflação segundo a escola austríaca. Entretanto, como logicamente governos aderiram à escola de pensamento keynesiana, a narrativa que permaneceu foi que inflação é a subida generalizada dos preços, camuflando suas verdadeiras causas, as quais são claras para a escola austríaca. Já que a narrativa está mesmo perdida, ao longo deste livro será usado inflação com o significado de subida geral dos preços. Porém, em todo momento ficará explícito que ela é consequência, e não causa, de políticas monetárias discutíveis.

Em realidade, como veremos agora, tais políticas, como o aumento da massa monetária e, em consequência, a expansão do crédito, criam o ambiente para que potencialmente se produza inflação, a qual eventualmente se desencadeará devido a mudanças nos hábitos de consumo dos agentes econômicos, forçados em última instância por ditas políticas monetárias.

Quem causa inflação e como se produz?

"A economia é tanto psicológica quanto 'ciclo-lógica'." Mike Maloney

Todos, absolutamente todos os bens e serviços, desde uma

saca de milho, um barril de petróleo, um corte de cabelo, uma manicure, uma onça de ouro, um título de dívida, a ação de uma empresa, o valor de um salário ou até o **próprio dinheiro**, todos seguem a mesma lei da oferta e da demanda, pois esta lei está baseada em padrões de comportamento humano, os quais emergem naturalmente na hora de trocar qualquer item: dinheiro, produtos ou serviços.

De um ponto de vista global, o mercado financeiro, dentro do qual se precifica o valor do dinheiro depende da demanda pela moeda, a qual por sua vez depende de vários fatores macroeconômicos (taxa de juros básica, carga de impostos, confiança na moeda, fluxo de exportações, expectativas econômicas, ...) e também depende da oferta de moeda, influenciada principalmente por mecanismos de regulação dos bancos centrais (taxa de juros básica, fração de depósitos compulsórios, taxa de juros de desconto, relaxamento quantitativo). Estes fatores serão estudados detalhadamente no capítulo IV, mas, simplificando bastante, o valor do dinheiro depende fortemente dos bancos centrais, pois estes atuam às vezes como criadores, fornecedores ou ofertantes de dinheiro e às vezes como drenadores ou demandantes, através da troca de ativos financeiros por dinheiro.

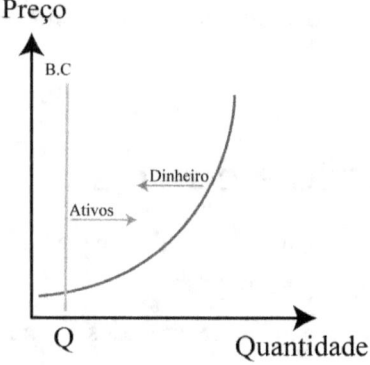

Quando o banco central

atua como ofertante de moeda, ele o faz para aumentar a quantidade de dinheiro na economia, comprando uma quantidade Q' de ativos financeiros, tipicamente títulos de dívida pública. Também, ele pode atuar como demandante de moeda, vendendo uma quantidade Q desses mesmos ativos financeiros em troca de dinheiro.

Um banco central pode, portanto, atuar nos dois lados, proporcionando uma oferta ou demanda inelástica. Entretanto, como o balanço dos bancos centrais tipicamente não para de aumentar, a quantidade de ativos financeiros comprados tende a ser maior que os vendidos. O efeito líquido é um aumento cada vez maior de dinheiro na economia, o qual provoca uma desvalorização do mesmo por se tornar menos escasso, principalmente se esse aumento da oferta não é correspondido por um aumento da sua demanda.

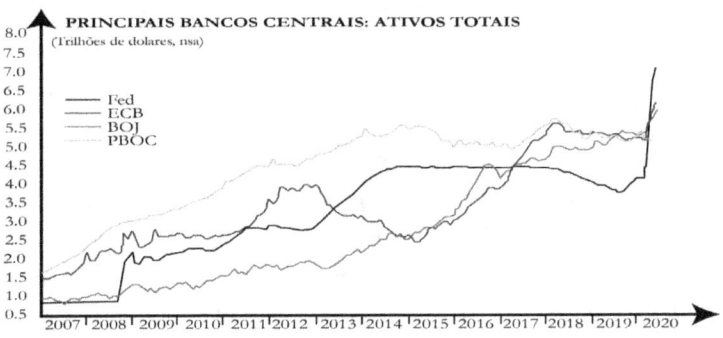

Fonte: Haver Analytics. O balanço dos principais bancos centrais do mundo, a Reserva Federal (Fed), o Banco Central Europeu (ECB), o Banco de Japão (BOJ) e o Banco Popular da China (PBOC) não para de aumentar. Um aumento do balanço significa que os bancos centrais possuem cada vez mais ativos financeiros, tipicamente títulos de dívida, os quais foram comprados em troca de dinheiro que eles criaram do nada.

Em consequência, como o dinheiro pode ser eventualmente trocado por produtos e serviços, **uma desvalorização do**

dinheiro implica uma valorização potencial dos produtos e serviços, ou seja, um cenário de **inflação potencial**. E ao contrário, **uma valorização do dinheiro implica uma desvalorização potencial dos produtos e serviços**, ou seja, um cenário de **deflação potencial**.

É importante analisar o uso do termo "potencial". Efetivamente, uma valorização/desvalorização do dinheiro criaria mesmo o ambiente para uma desvalorização/valorização dos produtos e serviços, mas tal evento não tem por que acontecer imediatamente. Dito de outro modo, a valorização/desvalorização do dinheiro é condição necessária para acontecer deflação/inflação dos preços, porém não é condição suficiente.

O motivo está em que, para que uma valorização/desvalorização do dinheiro desemboque em deflação/inflação dos preços, os agentes econômicos do mercado financeiro devem interagir com agentes econômicos do mercado dos produtos e serviços. Efetivamente, essa interação é progressiva e demora em atingir as últimas camadas da economia, as famílias, que são em última instância as consumidoras individuais de bens e serviços. Este retardo é o que se conhece como **efeito Cantillon**, o qual teoriza que o dinheiro recém criado demora em percolar pela economia, e dada essa demora, quem mais se beneficia são aqueles que têm acesso antecipado ao dinheiro novo, tipicamente as classes altas. Devido a esse acesso prioritário, eles poderão adquirir produtos ou serviços ainda baratos, pois a medida que eles compram os preços irão subindo progressivamente e os últimos em comprar serão os que mais sofrem o efeito da inflação.

Efetivamente, o aumento da oferta monetária, criada pelos bancos centrais não causa inflação imediata. Para que assim seja, as famílias precisam interagir, como consumidoras, no mercado de bens e serviços. E esta interação, como já estudamos na seção anterior, depende de vontades, desejos, expectativas ou ainda comportamentos de grupo (efeito manada), que a tornam completamente imprevisível.

De fato, se as famílias percebem que elas possuem suficiente dinheiro, mesmo que seja em abundância, porém não enxergam um futuro promissor, elas darão então mais valor a seu dinheiro do que aos produtos e serviços ofertados no mercado. Em consequência, as famílias preferirão poupar antes que consumir, pois efetivamente pensarão que será importante dispor de dinheiro no futuro. Neste caso, haverá um cenário de inflação, a qual, porém não acaba se materializando. Daí a denominação de inflação potencial.

A outra possibilidade é que as famílias possuam dinheiro em abundância no presente e ainda acreditem que essa abundância não faltará no futuro. Desta maneira, elas darão mais valor aos produtos e serviços ofertados no mercado do que a seu próprio dinheiro. Neste caso, as famílias preferirão consumir antes que poupar, pois pensarão que no futuro ainda terão dinheiro suficiente. Neste caso, haverá um cenário de inflação potencial que, desta vez, acaba sim se materializado.

São, portanto, as atitudes dos indivíduos, agindo como agentes econômicos, as quais possuem o potencial de concretizar a inflação. Tais percepções são efetivamente impossíveis de medir e de predizer. Entretanto, é possível estimar as consequências de tais decisões através da chamada **velocidade do dinheiro**. De fato, se os agentes possuem dinheiro, mas não acham oportuno consumir, este apenas cambiaria de mãos, o que leva a uma queda da sua velocidade. E ao contrário, se os agentes econômicos se animam a consumir isso produzirá um efeito cascata, fazendo a velocidade do dinheiro aumentar.

Por exemplo, ante uma percepção futura de melhora, um pai de família com dinheiro ou crédito disponível pode se tornar optimista e resolver comprar um colar de ouro para sua esposa, algo que não faria em outro momento. Com o dinheiro dessa compra, agora em mãos do joalheiro, ele também melhora sua percepção econômica, e igualmente resolve comprar, suponhamos, um computador novo para seu filho, algo que não faria em outro momento. Com o dinheiro dessa compra, agora em mãos do lojista de computadores, o ciclo continua segundo um comportamento de grupo. Desta maneira, é lógico esperar que mudanças na velocidade do dinheiro estejam aproximadamente correlacionadas com mudanças dos preços dos bens e serviços.

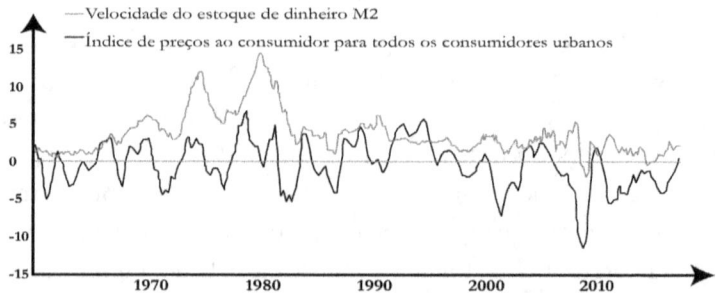

Fonte: Reserva Federal. Aumentos da oferta de dinheiro ou do crédito não correspondidos por aumentos da sua demanda, ou diminuições da demanda do dinheiro ou do crédito não correspondidas por diminuições na sua oferta são condições necessárias, porém não suficientes para desembocar em inflação dos preços. Para que tal inflação se materialize o dinheiro deve circular pela economia. Ou seja, a velocidade do dinheiro deve ser crescente. Efetivamente, variações da velocidade do dinheiro estão aproximadamente correlacionadas com variações nos preços dos bens e serviços, medidos, neste caso, através do CPI (*Consumer Price Index*) americano. A velocidade do dinheiro, porém, como qualquer outro indicador indireto, não é plenamente confiável.

Resumindo então este longo, porém fundamental apartado: os bancos centrais, ao aumentar a massa monetária, provocam um ambiente de inflação potencial, o qual só é efetivado quando o dinheiro ou o crédito chega as famílias e estas julgam que é oportuno consumir e não mais procrastinar tal consumo.

CICLOS VIRTUOSOS E CICLOS VICIOSOS

Ciclos virtuosos da economia

Já que os governos, através dos bancos centrais, podem influenciar nos preços aumentando ou diminuindo a base monetária, uma pergunta cabível deveria ser: por que eles não diminuem a quantidade de dinheiro na economia para valorizá-lo, o que potencialmente provocaria uma queda artificial dos preços, ajudando assim às classes da sociedade mais carentes e desfavorecidas? Infelizmente, apesar de que nossos dirigentes constantemente proclamam defender aos pobres, nenhum governo, sem importar a ideologia, acaba agindo dessa maneira.

A realidade é que para os governos é mais conveniente forçar um ambiente econômico inflacionário do que ambiente deflacionário, pois num ambiente econômico inflacionário o dinheiro cada vez vale menos, e sendo assim, é melhor consumir logo do que esperar ao futuro. Dessa maneira, as pessoas são forçadas a consumir ao invés de poupar. Curiosamente, tanto consumir quanto poupar é importante; o ideal é realmente o equilíbrio, pois ao contrabalançar consumo e poupança, a sociedade estaria equilibrando necessidades e desejos presentes com necessidades e desejos futuros. A questão está em que como os governos apenas duram 4 anos, para eles o melhor é que as pessoas consumam logo. Se isso esgota a capacidade de consumo futura não importa. Isso não é problema desse governo e sim do seguinte.

Forçar o consumo é, portanto, a chave, pois consumir implica demandar e se aumenta a demanda sobem os preços e se sobem os preços, os empresários veem oportunidades de lucro e montam mais empresas, as quais geram mais empregos para os cidadãos, que agora terão mais renda para consumir e assim o processo se retroalimenta positivamente, quebrando o mecanismo natural de homeostase dos preços, e entrando no se que conhece como **ciclo virtuoso** da economia.

Sem se importar, então, com a subida geral dos preços, que corrói o poder aquisitivo das classes baixas sem elas perceberem, os ciclos virtuosos da economia são ótimos para os governos, pois além de deixar os cidadãos felizes, a arrecadação através de impostos se dispara.

Ciclos viciosos da economia

Que beleza! Nossos dirigentes são tão extremadamente inteligentes que, como se fosse por obra divina, eles conseguem que a economia gere felicidade para todos: para eles mesmos e para os cidadãos.

Nada mais longe da realidade. Da mesma maneira que na Natureza não existem os chamados motos perpétuos: invenções naturais ou artificiais que gerem energia infinita, em economia não existem os ciclos virtuosos perpétuos, por mais que nossos dirigentes insistam nisso. Ainda mais, forçar ciclos virtuosos só passará a fatura da conta dessa intervenção para o futuro e o estrago que o final do ciclo terá, ao passar do ciclo virtuoso para o chamado **ciclo vicioso**, será catastrófico. Efetivamente, como veremos no capítulo IV, a consequência de ter forçado ciclos virtuosos contínuos durante as últimas décadas tem criado a maior bolha econômica da história (*the everything bubble*) com o potencial de provocar a mais profunda crise jamais vista.

Além de inútil, intervir a economia é algo completamente prejudicial porque se quebram os mecanismos naturais e espontâneos de auto-regulação. Devemos entender que, da mesma maneira que ninguém deve forçar outro a ser feliz, ninguém deveria forçar a economia a experimentar um ciclo virtuoso forçado, permanente e contranatura.

Os efeitos da inflação

> "Durante um processo contínuo de inflação, os governos podem confiscar de maneira secreta e sem ninguém perceber, uma parte importante da riqueza dos cidadãos. A pesar de que este processo empobrece a muitos, certamente enriquece a alguns."
> John Maynard Keynes

Para forçar um ciclo virtuoso, todos os governos estabelecem uma meta de inflação. Em países europeus esse objetivo está em 2% anual. Entretanto, no Brasil essa meta é de 4% ao ano. Uma inflação do 4% ao ano implica que, depois de um ano, para comprar os mesmos bens e serviços de antes será necessário pagar um 4% a mais. Dito de outro modo, depois de um ano o poder de compra do dinheiro terá perdido um 4% do seu valor. Dessa maneira, fazendo a soma ano após ano, depois de 12 anos e meio, dito poder aquisitivo terá reduzido pela metade (12,5 * 4% = 50%). Ou seja, se um cidadão tiver 1000 R$ na conta corrente, depois de 12,5 anos, tal indivíduo continuará tendo esses 1000 R$, mas agora serão 1000 R$ que apenas teriam a capacidade de comprar 500 R$ em bens e serviços, pois, devido à inflação, estes terão duplicado de preço nesses 12,5 anos. A conclusão, portanto, é que não importa a quantidade de dinheiro que alguém tiver; o que verdadeiramente importa é quanto que esse dinheiro compra.

Levando esta análise em consideração, a consequência imediata é que a inflação prejudica aos que poupam, pois se os poupadores não consomem, seu dinheiro perderá poder aquisitivo com o tempo. Entretanto, se a perda de poder aquisitivo dos poupadores é o *trade-off* econômico artificial de um cenário inflacionário, quem seriam os beneficiados nesse ambiente?

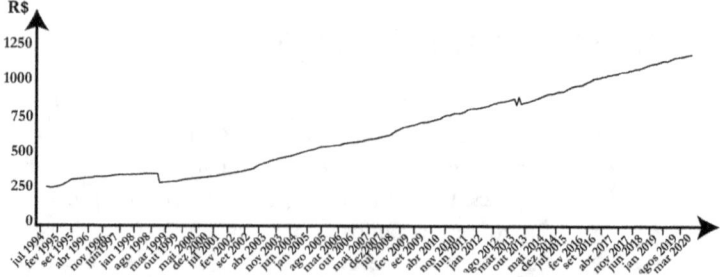

Fonte: IBGE-SINAPI. Para disfarçar as consequências do aumento da inflação tornou-se natural que os construtores ofertem moradias cada vez de menor tamanho. Dessa maneira, o comprador tem a sensação de que os imóveis não aumentam de valor. Entretanto, a realidade é que o preço do metro quadrado no Brasil não para de aumentar como resultado da inflação, e nunca parará se o Banco Central continuar aumentando a massa monetária.

Se, segundo a definição, a inflação é o aumento generalizado dos preços dos bens ou dos serviços, aquele possuidor ou ofertante desses bens, ou fornecedor desses serviços, sairá claramente beneficiado. Dentre estes possuidores de bens estão os detentores de **ativos escassos**, que tipicamente ocupam os mais altos degraus de uma sociedade: proprietários de terras, proprietários de imóveis, titulares de ações de empresas, detentores de metais preciosos ou de peças de arte, ... Logo, em períodos de inflação, as classes altas são as mais beneficiadas. E, por conseguinte, sob este ponto de vista, a inflação é uma maneira tácita e passiva de transferir riqueza das classes baixas para as classes altas.

Uma pergunta que deveria surgir neste momento poderia ser: se a meta de inflação é feita para forçar ciclos virtuosos e, pelo jeito para favorecer as classes altas, por que não forçar mais a barra para produzir ciclos virtuosos ainda mais intensos e assim espoliar mais rapidamente as classes baixas em favor das altas? Dito de outro modo, por que não colocar direto a meta de inflação em, por exemplo, 10% ou 20% ao ano?

A resposta é que isso sim seria percebido pelo povo e consequentemente acabaria produzindo muito caos social. Sendo assim, é mais conveniente ter paciência e ir aos poucos. Entretanto, como veremos, existe outra saída. Os governos têm de fato outra maneira de produzir alta inflação sem que os cidadãos percebam. Para entender como, é necessário saber como é medida a inflação, ou melhor dito, como os governos medem a inflação, ou equivalentemente, como se mede o poder aquisitivo do dinheiro. Estudaremos isso na última seção deste primeiro capítulo; antes é necessário entender o fenômeno da hiperinflação.

A perda de poder aquisitivo

"Eventualmente o papel-moeda sempre retorna a seu valor intrínseco: zero." Voltaire

Muitos pensarão que, sendo o Brasil um país emergente, é normal haver perdas inflacionárias. Na realidade, porém, o poder de compra de todas as moedas, sem importar o país, cai continuamente por causa da inflação. O gráfico demonstra de fato a perda do poder de compra de uma moeda forte como o dólar nos últimos 100 anos. Efetivamente 1 dólar em 1913 continua sendo 1 dólar em 2013, mas com o poder de compra de 5 centavos.

Fonte: U.S. Bureau of Labor Statistics. Poder de compra do dólar americano durante a série histórica desde 1913 até 2013. Observe-se como ao longo deste século o dólar americano perdeu o 95% de seu valor. Os eventos que produziram estas perdas de poder aquisitivo serão estudados no capítulo IV.

Os efeitos da deflação

Uma pergunta simples, porém razóavel deve ser: se a inflação é ruim para a maioria da população, então a deflação é boa?

Já sabemos que na economia não existem soluções boas para todos. Como acabamos de ver, a inflação, de fato, não é boa para todos, pois apenas favorece aos que detêm ativos. Os que não detêm ativos saem prejudicados, pois terão que pagar mais para comprar eles. Com a deflação, porém, acontece o efeito antagônico.

Em um ambiente deflacionário existe um grande incentivo dos consumidores a poupar, pois se com o tempo os preços caem, o mais inteligente é procrastinar o consumo. Porém, se os consumidores não compram, as empresas vendem menos, e se estas vendem menos também contratam menos, o qual provoca menor renda para as famílias e assim em diante retroalimentando o ciclo positivamente. Sem oferta de emprego, as pessoas não dispõem de tanto dinheiro, o que provoca que o Estado não arrecade através de impostos. A deflação, portanto, cria um ambiente de crescente desemprego, o qual poderia gerar descontentamento social, além de um ambiente de baixa arrecadação, o qual não convém aos governos.

De um ponto de vista complementário, se num ambiente deflacionário os preços caem, aqueles que ofertam produtos ou fornecem serviços saem prejudicados, pois cada vez recebem menos dinheiro por eles. Dentre estes prejudicados estão os detentores de ativos escassos que, como já explicamos anteriormente, tipicamente pertencem às classes altas.

Desta maneira, a pesar de que, do ponto de vista dos preços, um ambiente deflacionário favorece às classes mais baixas, como os mais prejudicados são os governos e as classes altas, os ambientes deflacionários são fortemente evitados por nossos dirigentes.

Soluções perfeitas e soluções adequadas

Finalmente, agora que entendemos os efeitos da inflação e

da deflação, para encerrar esta seção, caberia uma reflexão. Se, por um lado, durante os ciclos virtuosos os cidadãos dispõem de cada vez mais dinheiro, porém um dinheiro que compra cada vez menos, e por outro, durante os ciclos viciosos os cidadãos dispõem de um dinheiro que cada vez compra mais, porém do qual cada vez dispõem menos, qual é então a solução?

A solução é a não intervenção. Aliás, é precisamente a intervenção na moeda que causa essas falácias de falso dilema. Os ciclos viciosos e virtuosos são, de fato, armadilhas retóricas criadas por arquitetos econômicos para, tendenciosamente, ante essas "únicas" duas opções, a população aceite e acredite que uma é sem dúvida melhor que a outra. As próprias palavras virtuoso e vicioso já são completos eufemismos, que exprimem um claro viés ideologico. Com tais apelidos não é necessário nem pensar; se torna evidente qual será o favorito da população, mesmo que essa "melhor" opção se converta, sem que quase ninguém saiba, num ato de auto-flagelação.

Não existem soluções perfeitas e como não existem soluções perfeitas não tem sentido pensar que dirigentes ungidos as trarão. O próprio mercado, agindo livremente sem a interferência de ninguém, é de fato quem melhor sabe alocar capital. Ao não intervir, a própria economia, no seu processo espontâneo e indômito de auto-organização, se encarregará por se só de encontrar **não as soluções perfeitas, senão as soluções mais adequadas** em cada momento para a sociedade.

Em qualquer caso, para entender melhor esse raciocínio devemos continuar a caminhada durante os próximos capítulos. No final desse percurso, entenderemos por que e como a moeda fiat, a moeda que usamos hoje em dia, se transformou numa ferramenta de controle social e de transferência de riqueza desde os que ignoram para os que sabem. Uma ferramenta que não foi engendrada naturalmente pelo mercado, se não criada astuta e artificialmente por nossos dirigentes, se aproveitando da inocência do povo.

HIPER

Hiperinflação

Se a inflação afeta ao poder aquisitivo das classes médias e baixas, a situação se agrava quando a mesma se torna **hiperinflação**. Os eventos de hiperinflação causam, de fato, muito descontentamento na população e levam eventualmente a grandes mudanças políticas, sociais e/ou econômicas. A hiperinflação emerge a partir de intervenções mal calibradas por parte de bancos centrais para sair de cenários de deflação, os quais causam mudanças inesperadas nos hábitos dos cidadãos, as quais, por sua vez, provocam maiores intervenções do banco central, ou do próprio governo, agindo desesperadamente. A hiperinflação, portanto, surge como uma sequência de eventos em cadeia, durante a qual as mudanças, ao invés de amortecerem, se amplificam; algo típico em sistemas intervindos.

Para entender a evolução de um processo hiperinflacionário devemos partir então de um contexto de deflação. Um ambiente deflacionário emerge quando o povo avista um futuro econômico incerto. Essas preocupações as levam a dar mais valor ao dinheiro do que aos produtos e serviços ofertados no mercado e, em consequência, param de consumir. Essa parada no consumo afeta às empresas, as quais param também de contratar ou acabam demitindo empregados. O eventual aumento do desemprego leva a uma perda de renda das famílias, o qual retroalimenta positivamente o ciclo, aumentando a sensação inicial de incerteza econômica.

Nesses casos, o próprio governo, através de seu banco central, atua para mudar essa sensação e sair assim da deflação. Para isso, o banco central expande a base monetária, tornando o dinheiro mais abundante, desvalorizando-o, e o crédito mais barato. Com isso, o governo força às pessoas mudarem suas percepções. De fato, tal desvalorização do dinheiro implica uma desvalorização das poupanças dos cidadãos, que agora percebem como seu dinheiro não tem tanto valor frente aos produtos e serviços.

A desvalorização do dinheiro e o barateamento do crédito começa mesmo a mudar a percepção de algumas poucas famílias. Entretanto, talvez essas medidas não sejam suficientes para sair de um cenário deflacionário. Efetivamente, se estas primeiras famílias forem ainda poucas, o impacto na demanda por produtos e serviços ainda pode ser baixo, o qual não faria mudar a tendência de queda dos preços.

Nesse caso, o banco central intensifica suas medidas. A base monetária é expandida novamente e com mais intensidade, o qual leva a uma maior desvalorização do dinheiro e a um maior barateamento do crédito. Esse maior aumento da base monetária provoca uma maior desvalorização das poupanças dos cidadãos, que agora percebem como seu dinheiro perde continua e rapidamente valor frente aos produtos e serviços no mercado.

Essa situação é o ponto crítico. Nesse cenário de poupanças desvalorizando e crédito ultra-laxo o governo força uma mudança nas atitudes de seus cidadãos. De fato, com essa jogada ele espera que uma massa crítica de famílias mude definitivamente sua percepção, dando mais valor aos produtos e serviços do que ao dinheiro, e comecem a consumir. Esse potencial consumo inicial, o cenário de crédito barato e uma valorização dos produtos e serviços como consequência da desvalorização do dinheiro é a faísca, através da qual o governo espera que os empresários se animem a tomar empréstimos e investir. Esse investimento inicial criaria empregos, os quais gerariam renda, a qual incentivaria o consumo, o que retroalimentaria positivamente o processo, saindo do ciclo vicioso para o virtuoso.

Entretanto, nesse ponto crítico, algumas poucas famílias, principalmente os chamados *inside traders*, aqueles com informação privilegiada, tipicamente pertencentes às classes altas, podem se antecipar a esse movimento de desvalorização com o intuito de proteger seu patrimônio. Estas famílias então trocarão seu dinheiro, antes que se desvalorize, por outra moeda estrangeira ou por qualquer item escasso que atue como **reserva de valor**. As reservas de valor não são itens habitualmente usados para negociar produtos ou serviços, pois seu uso é justo para o contrário: reservar e preservar o patrimônio. Com esse estratégico movimento de "saída" do mercado de consumo, essas famílias, ao vender o dinheiro das suas poupanças, terão contribuído a produzir um aumento da oferta do dinheiro na economia além de uma diminuição da demanda pela moeda, pois eles a recusaram.

Se essa atitude for levada a cabo por poucas famílias, tal aumento da oferta e diminuição da demanda por moeda apenas terá impacto na sua desvalorização. Entretanto, se esse comportamento se estender a uma massa crítica, isso acabará afetando fortemente ao poder de compra da moeda, reforçando sua desvalorização, desvalorização já iniciada pelo banco central.

Este eventual cenário é fatal, pois representa um ponto de inflexão (*tipping point*). De fato, se mais famílias continuam recusando a moeda ou o crédito, sua demanda cairá drasticamente e sua oferta não parará de crescer (retroalimentação positiva), o que leva a uma maior desvalorização da moeda. Essa maior desvalorização provocará uma forte valorização potencial dos produtos e serviços, a qual só é efetivada quando os agentes do mercado financeiro interagem no mercado do consumo. Em quanto isso, os preços ainda podem continuar em queda, pois o povo perdeu a fé na moeda e, sendo assim, acabam se preocupando mais em proteger seu patrimônio do que em consumir.

Chegado esse momento, o governo através de seu banco central perdeu o controle, ficando quase sem opções. Um banco central tem o controle macroeconômico da oferta e da demanda por moeda, porém, ele não tem o controle microeconômico do consumo. Ou seja, um banco central pode induzir mudanças nos hábitos dos consumidores, mas em última instância estes são entes individuais, cujas mentes não podem ser controladas.

Por isso, o banco central pode ser levado a efetuar um movimento radical, com o intuito de forçar a demanda por moeda. Nesse caso, ele aumenta mais ainda a oferta da moeda, desvalorizando mais o dinheiro, mas dessa vez fazendo chegar diretamente esse dinheiro às famílias (o chamado, ironicamente, *helicopter money*). Esta jogada certamente alegra aos cidadãos, os quais se empolgam ao sentir a abundância de dinheiro.

Tal sensação de abundância pode mudar a percepção de muitas famílias, que darão bem mais valor aos produtos e serviços do que ao dinheiro. Em consequência, se efetiva a interação entre o mercado do dinheiro e o mercado de produtos e serviços, levando a uma liberação desse estado latente de hiper-valorização potencial dos produtos e serviços. O consumo então se ativa. Entretanto, a abundância de dinheiro é tanta e tão contínua que os empresários também dão bem mais valor aos produtos e serviços que eles oferecem do que ao dinheiro negociado em troca. Desta maneira, por iniciativa própria, os empresários só realizam essa troca se for por mais dinheiro. Em consequência, os preços começam a subir. Essa atitude natural que provoca uma subida inicial dos preços se espalha pela economia e acaba repercutindo nos próprios insumos. Em consequência, os custos de produção começam a aumentar e, como resultado, o empresário, agora sem iniciativa própria, não tem outra opção que repassar esse aumento para os clientes. Os preços então disparam.

Neste momento, a homeostase dos preços que, através de um efeito de retroalimentação negativa amortece as mudanças severas dos mesmos, está virada de ponta cabeça. A disparada dos preços cria uma dependência completa das famílias por dinheiro. O governo então toma medidas desesperadas, que só agravam os problemas. Primeiro, através de seu banco central atende tal necessidade aumentando continuamente a oferta de moeda, fazendo chegar esse dinheiro diretamente às famílias. Esta medida, porém, só provoca um maior aumento dos preços. Segundo, manda tabelar ou fiscalizar as subidas dos preços, punindo empresários, o qual acaba desincentivando a produção, provocando maiores subidas dos preços. Terceiro, coloca controles ao câmbio, o qual produz uma desbandada de empresas, produzindo mais escassez de oferta e, portanto, mais alta dos preços. Quarto, aumenta os impostos às rendas mais altas e as grandes empresas, o qual provoca maior desbandada. As consequências, então, deste cenário de completo descontrole e desespero desembocam em **hiperinflação**.

Um cenário de hiperinflação se resume, portanto, a:

1. Uma ação mal calibrada do banco central, o qual aumenta a oferta monetária em resposta a um cenário de deflação.

2. Uma reação das famílias, as quais diminuem a demanda por moeda em resposta a esse aumento da sua oferta. Tal diminuição da demanda provoca mais aumento na oferta de moeda. Essa perda de confiança na moeda cria uma retroalimentação positiva no sentido da desvalorização do dinheiro, a qual produzirá posteriormente uma valorização dos produtos e serviços.

3. Várias reações desesperadas do governo para conter essa valorização dos produtos e serviços, as quais só retroalimentam positivamente tal desequilíbrio dos preços, pois as medidas tomadas provocam maior alta dos preços e vice-versa.

Como vemos o problema da hiperinflação está na perda de confiança dos cidadãos na moeda e nos intentos desesperados do governo em reestabelecê-la. Quando não há intervenções econômicas, o mercado procura espontaneamente um meio de troca natural, como foi o ouro, o qual estabelece confiança entre as partes e, a partir daí, emerge espontaneamente um mecanismo de homeostase dos preços, o qual os estabiliza através de retroalimentações negativas. Entretanto, quando a economia é intervinda, através da impressão descabida da moeda, tal confiança acaba sendo deturpada e os mecanismos naturais de auto-regulação se inibem. Em consequência, emergem retroalimentações positivas que descontrolam os preços.

Numa economia intervinda a

hiperinflação é inevitável

Efetivamente, o governo através do seu banco central pode aumentar a massa monetária para desvalorizar o dinheiro e o crédito, forçando as famílias a consumir e as empresas a investir. Entretanto, eles não possuem o controle individual da oferta e da demanda por moeda e, sendo assim, não conseguem tão facilmente forçar ciclos virtuosos.

Os governos são cientes desse problema e, por isso, cada vez implementam mais medidas para controlar tanto a oferta quanto a demanda por moeda a um nível individual. De fato, para inibir os processos individuais que levariam a aumentos descontrolados da oferta da moeda no mercado é habitual que os governos tomem medidas como:

1. Forçar e reforçar o uso da moeda de curso legal.

2. Limitar ou proibir a compra de itens que atuem como reservas de valor.

3. Inibir a troca da moeda nacional por moedas estrangeiras através de controles ao câmbio.

4. Criar delitos por "fuga de capitais" ou aumentar suas penas.

Medidas como estas também forçam em parte ao uso individual da moeda, e portanto, afetam à demanda. Entretanto, esse controle global não é suficiente para forçar demanda. Governos precisam de mecanismos mais eficientes que atuem a um nível individual e para isso criam dependentes da moeda. Por esse motivo, cada vez mais são implantadas medidas como:

1. Oferecer auxílios aos cidadãos.

2. Instaurar uma renda universal.

3. Aumentar continuamente o corpo de funcionários públicos.

4. Criar impostos de todo tipo, pois isso força aos cidadãos a usar a moeda para ter que pagá-los.

5. Incentivar o endividamento, pois através da dívida surge um compromisso de ter que usar a moeda para ressarci-la.

Entretanto, por mais que governos, através de seu banco central, se esforcem em controlar tanto a oferta quanto a demanda por moeda, tanto ao nível macro quanto ao nível microeconômico, dominando assim os fatores contextuais ou fatores exógenos, sempre existirá, porém, um componente endógeno, atrelado às decisões individuais, o qual se torna inatingível e incontrolável.

Infelizmente, tanto esforço por controle provoca uma cada vez maior intervenção econômica que não é saudável. De fato, medidas como as descritas provocam no mínimo:

1. Uma fuga dos investidores para o exterior (devido principalmente aos controles na oferta por moeda).

2. Uma carga tributária excessiva do setor privado, a qual desincentiva o empreendedorismo interior (devido principalmente aos controles na demanda por moeda).

Como consequência haverá uma drástica queda na arrecadação, o que leva ao governo a ter que se endividar; um endividamento inútil, pois um governo não aloca o capital de maneira eficiente. Sendo assim, a confiança na moeda é progressivamente perdida, levando ao mesmo cenário de hiperinflação descrita na seção anterior. Portanto, numa economia continuamente intervinda, pode demorar anos, décadas ou séculos, mas a hiperinflação é inevitável.

A importância de entender sobre economia

> "Que as pessoas não aprendem demasiado das lições sobre história é a mais importante de todas as lições que a história deve nos ensinar." Aldous Huxley

A história nos mostra vários eventos de hiperinflação, todos provocados pelo mesmo motivo anteriormente descrito como é a impressão massiva e descontrolada da moeda e a subsequente falta de confiança na mesma:

- Na França antes e depois da revolução francesa.

- Na república de Weimar na Alemanha de depois da Primeira Guerra Mundial.

- Na Iugoslávia dos anos 90.

- Na Hungria de depois da Segunda Guerra Mundial.

- Na Argentina dos anos 80.

- No Brasil também dos 80.

- Na Venezuela dos últimos anos.

- No Zimbábue também durante os últimos anos, sendo

este um dos maiores registros da história, no qual os preços subiram um 231000000% em pouco tempo. Os preços, de fato, duplicavam a cada dia.

Nesses casos, para que a moeda nacional não seja ridicularizada e os cidadãos não percam a fé nela, é habitual que os governos criem uma nova moeda a partir da anterior, disfarçando assim os efeitos da hiperinflação.

É triste comprovar como conceitos tão importantes como estes são tão ignorados ou tão mal entendidos hoje em dia. Antes que qualquer outra matéria, a Economia, e principalmente, o significado do dinheiro, deveria ser a primeira disciplina a ser ministrada na rede de ensino. Contudo, ela é deixada num segundo plano porque não é do interesse de nossos arquitetos econômicos que a população entenda o funcionamento do sistema monetário.

MEDINDO
INFLAÇÃO

Como medir o poder aquisitivo do dinheiro?

"Ame seu país, mas nunca confie no seu governo." Robert A. Heinlein

Já sabemos que governos estabelecem uma meta anual de inflação para forçar um ciclo virtuoso. Mas para isso alguma ferramenta tem que ser usada para medir qual é o valor dos preços ou, equivalentemente, qual é o poder de compra do dinheiro. No caso do Brasil, existem vários medidores de inflação, mas o medidor empregado pelo governo para regular a taxa de juros básica é o chamado Índice de Preços ao Consumidor Amplo (IPCA). O IPCA consiste em medir o preço de uma cesta ponderada de produtos que são habitualmente consumidos no dia em dia por famílias de renda mensal de 1 até 40 salários mínimos.

Contudo, os medidores de inflação são ferramentas tendenciosas e fáceis de manipular, até porque todo governo que "diz" controlar a inflação é prestigiado por isso. Além disso, em alguns países os salários dos trabalhadores, principalmente funcionários públicos, estão indexados à inflação para evitar perdas de poder aquisitivo. Então, logicamente, é de grande interesse dos governos, pelos motivos que explicamos na seção anterior, ter inflação alta, porém reportar números oficiais baixos.

Os índices de inflação se baseiam em medir mensalmente o preço de uma cesta, cujos produtos, e o peso relativo de cada um nessa cesta, vai mudando. De outro ponto de vista, é como se usássemos uma trena para medir distâncias cuja escala mudasse de um mês para outro. Até teria certo sentido essa mudança, pois é verdade que a demanda dos consumidores vai mudando no tempo, mas com qual critério? Quem estabelece que ou que não entra nessa cesta e com qual proporção? Efetivamente, os métodos para medir inflação carecem de qualquer rigor.

Um exemplo desta falta de critério acontece quando um produto particular sobe de preço. Nesses casos, os consumidores procuram produtos substitutos (por exemplo, carne de ave em troca da carne bovina) e a cesta de produtos usada para medir os preços é alterada, removendo esse produto particular que encareceu ou baixando seu peso nessa cesta. Entretanto, o fato desse produto particular se tornar mais caro já é um sinal local de inflação. Sinal, porém, que é removida da estatística com a desculpa de que esse produto não é mais consumido. Outra opção alternativa é o governo usar suas próprias agências públicas de regulação para proibir e punir tais subidas específicas, o qual também camufla pressões inflacionárias.

Curiosamente, nem sequer as medidas de índices de preços são comparáveis entre países, pois cada um tem seus próprios critérios. Por exemplo, nos EUA alguns produtos da cesta possuem um parâmetro de qualidade associado, o qual introduz ainda mais subjetividade na medida. Que significa um produto melhorar de qualidade? Como é medido o aumento do prazer que um produto fornece? Essa falta de rigor leva ocasionalmente a resultados contraditórios: produtos que encarecem, mas que, devido a "um aumento da qualidade fornecida por esse produto", ele é reportado como mais barato que seu preço real de mercado. O viés que esta metodologia introduz para reportar uma inflação baixa é iniludível, pois todos os produtos sem exceção aumentam de qualidade dentro da conjuntura atual de contínuo progresso tecnológico.

De maneira geral, os índices de preços são ferramentas de medida subjetivas, não universais e também relativas. De fato, elas são localmente limitadas, pois os índices de preços medem como tais preços oscilam em relação à moeda nacional, mas não medem como, por sua vez, essa moeda nacional se valoriza ou se desvaloriza respeito a outra moeda estrangeira, a qual também se desvaloriza.

Por todos estes motivos, as ferramentas básicas que os governos usam para medir os preços são adequadas para eles, mas não para a população. Cabem então as seguintes perguntas: como podemos medir absolutamente o preço dos produtos? Ou, alternativamente, como podemos medir absolutamente o preço do dinheiro para depois, com base nele, medir o preço dos produtos?

A resposta está no ouro, pois o ouro é ativo sobre o qual o sistema monetário contemporâneo foi construído. É importante entender esse processo e para isso temos que nos adentrar na história do dinheiro.

Capítulo II

ECONOMIA 0.0

Do escambo até o dinheiro sólido

Introdução

Depois de ter completado o capítulo primeiro devem ter surgido algumas dúvidas.

O que significa verdadeiramente o dinheiro?
Quem o controla?
Como?

Que significa o ouro?
Que tem a ver o dinheiro com o ouro?
Como foi construído o sistema monetário contemporâneo?

Para entender sobre um assunto temos que entender o contexto desse assunto e para entender dito contexto precisamos conhecer seu passado. Neste capítulo, portanto, introduziremos mais alguns conceitos de Economia importantes enquanto iniciamos um breve percurso ao longo da história da economia que nos levará os próximos três capítulos.

Neste segundo capítulo analisaremos como o sistema econômico foi se tornando gradualmente mais eficiente, partindo de um sistema de trocas voluntárias baseadas no escambo para se transformar em uma economia baseada no dinheiro sólido, principalmente ouro e prata.

Inicialmente essas trocas, seja por escambo, seja em dinheiro sólido, eram feitas entre indivíduos agindo de maneira livre, mas o poder central, enxergando oportunidades de lucro, começou a interferir nessas trocas voluntárias em benefício próprio.

O SURGIMENTO DA
ECONOMIA

Bens de consumo e bens de capital

Como foi estudado no capítulo anterior, de maneira geral, a procura pela satisfação pessoal e, de maneira particular, a otimização dos recursos escassos, especificamente tempo e dinheiro, é a força natural que leva aos indivíduos a tomarem suas decisões e agirem. Essas ações, tanto no nível individual quanto em estruturas hierárquicas superiores, podem ser divididas em duas:

- As ações que envolvem o uso dos recursos escassos para sobreviver, graças as quais se criam e comercializam os chamados **bens de consumo**.

- As ações que envolvem o uso dos recursos escassos para otimizar sua gestão, aprimorando assim a qualidade de dita sobrevivência; ações graças as quais se criam e comercializam os chamados **bens de capital**.

Por exemplo, em um contexto pré-histórico, no nível hierárquico mais baixo, o nível do indivíduo, um mamute seria um bem de consumo, pois para consegui-lo foi usado um recurso escasso, um tempo, com a intenção de conseguir alimento e assim sobreviver. Já uma arma como uma lança seria um bem de capital, pois com ela seria possível caçar maior quantidade de mamutes em menos tempo e, portanto, estaríamos otimizando o tempo empregado e, em consequência, aprimorando a qualidade da sobrevivência do indivíduo, pois agora poderá usar esse tempo sobrante para outra atividade diferente.

Num contexto mais moderno, um padeiro usa seu tempo para produzir pão, um bem de consumo importante para sobreviver. Se, nessa produção, o padeiro visualizar oportunidade de lucro, ele será incentivado a investir seus recursos escassos, seu tempo para procurar um bem de capital como um forno, e seu dinheiro para adquiri-lo. Agora, graças a esse forno ele poderá obter um lucro maior usando um tempo menor. Portanto, nessa decisão e posterior ação, ele terá otimizado seus próprios recursos escassos e, em consequência, a qualidade da sua sobrevivência.

Curva de aprendizado e especialização

A capacidade humana de aprender algo está limitada pelo que se conhece como **curva de aprendizado**. Segundo esta função logística, em pouco tempo seremos capazes de aprender muito sobre uma técnica determinada, mas se requerirá muito tempo para nos tornar especialistas nessa mesma técnica.

Sendo assim, já que é fisicamente impossível ser bom em tudo, a maneira mais eficiente dos indivíduos se auto-organizarem dentro

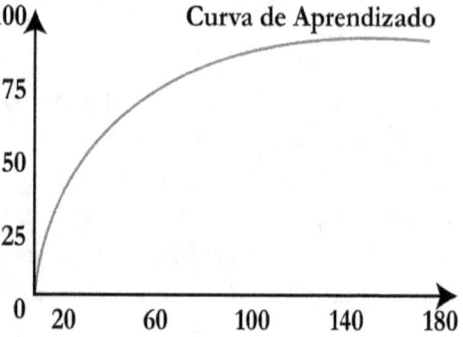

de uma sociedade é quando cada um se torna especialista em produzir itens exclusivos: os itens de consumo ou de capital que o mercado demandar.

O progresso através dos incentivos pelo lucro

Dada as limitações impostas pela curva de aprendizagem, entende-se que não faz muito sentido que um indivíduo A se torne experto em oferecer um produto ou um serviço que já é fornecido por um indivíduo B por um preço baixo e de qualidade, pois se tornar melhor que B lhe levaria muito tempo. Efetivamente, é mais vantajoso que o indivíduo A dedique seu tempo a se tornar experto em produzir outro produto ou serviço, que seja altamente demandado e/ou pouco ofertado pelo mercado, pois neste caso o preço será alto. E sendo assim, a oportunidade de obter lucro exerce um grande incentivo no indivíduo A para ele empreender nesse novo projeto.

Neste processo de especialização, sempre haverá *trade-offs* individuais de curto prazo, porém que resultam beneficiosos para o conjunto da sociedade a longo prazo. Neste caso, o sujeito A efetivamente sairá perdendo porque terá que dedicar seus recursos limitados, neste caso seu tempo, para se tornar experto em outra coisa. Contudo, o conjunto da sociedade sairá ganhando, pois agora, graças a que A teve que procurar outro nicho de mercado, a sociedade como um todo terá mais um novo produto ou serviço ofertado pelo sujeito A, ou o mesmo produto feito de maneira mais barata ou de maior qualidade, e que antes não estava disponível. Este processo de invenção de novos produtos pode até gerar um efeito cascata de subsequentes inovações e consequente geração de empregos. Portanto, a procura pelo lucro, num ambiente de livre concorrência, é a força natural que empurra aos indivíduos a se especializarem e essa especialização é a que faz uma sociedade progredir através das inovações que emergem natural e espontaneamente dentro dela.

É interessante notar que este processo de avanço de uma sociedade é efetuado de maneira natural desde baixo (os indivíduos) para cima (a própria sociedade na sua totalidade) e não de cima (através de ordens impostas) para baixo, como é habitualmente pretendido por nossos dirigentes. Não adianta nem mandar, nem ordenar, nem intervir nas interações particulares que acontecem entre os indivíduos. Uma sociedade não progride graças às ordens vindas de lideres iluminados e sim graças à chamada "mão invisível do mercado", ou seja, **uma organização autônoma e espontânea que emerge naturalmente dos indivíduos na sua procura pelo lucro**.

O escambo

A especialização dos indivíduos, cada um sendo experto num nicho de mercado diferente e específico, fez com que entre eles emergisse o que se conhece como uma economia de **escambo**. Numa economia de escambo, os excedentes de produção de um sujeito A são trocados diretamente pelos excedentes de produção de um sujeito B.

Por exemplo, um sujeito A que pesca atum pode desejar uma baguete de pão, mas já que ele não é especialista em criar pão e sim em pescar, o mais eficiente para ele é pescar além do que for consumir para assim trocar esse excedente de atum por baguetes de pão. O sujeito B, que cozinha baguetes de pão, acabará pensando da mesma maneira, pois já que ele não sabe pescar, o mais eficiente para ele é se dedicar ao que sabe fazer, aumentando sua produção para assim trocar esses excedentes de baguetes de pão pelo atum do sujeito A.

O escambo é a forma mais primitiva de economia, pois neste sistema não é necessário o dinheiro. Como veremos, a maneira em que os indivíduos fazem trocas voluntárias irá evoluindo ao longo do tempo, mas isso não quer dizer que o escambo deixe de existir. Até nos dias de hoje, sem percebermos, quando afirmamos que "devolverei esse favor", estaremos realizando escambo, pois estaremos trocando um bem ou serviço recebido no presente, por outro serviço futuro em forma de favor.

A ineficiência do escambo

A economia do escambo apresenta, porém, um grande problema de fluidez. Imagine-se o seguinte impasse: um sujeito A deseja os bens ou serviços produzidos por um sujeito B, mas este sujeito B não deseja em troca os bens ou serviços produzidos pelo sujeito A. Ou seja, as trocas por pares estão atreladas a uma **coincidência dupla de vontades**, sem a qual a troca direta não seria efetivada.

Este problema de dupla coincidência de vontades pode ser resolvido se fosse introduzido um sujeito C, do qual B deseje seus produtos ou serviços, e C deseje os de A. Desta maneira, os itens que A deseja de B, B estaria disposto a transferi-los para A, desde que, em contrapartida, A transferisse seus itens para C, e logo em seguida, C transferisse os seus para B, fechando com isso o círculo de trocas, realizados desta vez de maneira indireta.

Este círculo de trocas indiretas, porém, é muito ineficiente, pois é extremamente lento e muito dependente da confiança entre as partes. Pense-se em que aconteceria se o sujeito B transferisse seu item para o sujeito A, esperando que A transfira os seus para C (para finalmente B receber os itens de C), mas nesse meio tempo C decide mudar de opinião. Se essa suposição já se torna provável entre 3 sujeitos, o problema se agrava mais ainda ao serem introduzidas mais partes envolvidas nessas trocas indiretas.

O surgimento do livre mercado

Com o propósito de agilizar tais trocas, aumentando também o número de possibilidades de transferência, os indivíduos das primeiras comunidades da pré-história deram naturalmente com uma solução: **o mercado**.

O mercado era um lugar físico onde todos os interessados coincidiam para trocar seus bens ou oferecer seus serviços de maneira voluntária. Foi assim então como, naturalmente, devido às necessidades e desejos dos indivíduos, surgia **a economia de livre mercado**.

Tal economia de livre mercado solucionava o problema da lentidão do escambo, porém um novo problema começou a emergir, pois para realizar tais trocas de maneira mais diligente se tornava necessário estabelecer um mecanismo em comum para quantificar o valor, em termos absolutos, de cada produto ou de cada serviço.

O SURGIMENTO DO DINHEIRO

Os meios de troca

Quando as pessoas realizam trocas voluntárias por escambo é natural que alguns dos itens trocados, devido a suas características particulares, se tornem mais desejados que outros. Gradualmente, com o passar do tempo, esses itens desejados acabam se tornando bastante úteis para qualquer troca, pois todo indivíduo aceitará prazerosamente cambiar seus excedentes de produção por esse item especial.

Esse item especial, particularmente útil para fazer negócios, é o que se chama **meio de troca**. Os meios de troca resolvem as ineficiências do escambo, pois como eles são desejáveis, os indivíduos aceitam receber diretamente eles como meio de pago por seus produtos ou por seus serviços. Desta maneira, a própria economia, devido às necessidades dos usuários, resolve o problema da dupla coincidência de vontades, e também o problema de como quantificar o valor dos produtos e serviços, cujo valor agora passa a ser medido em função deste meio de troca, neutral para todos os cidadãos de uma sociedade específica.

Dependendo das circunstâncias, diferentes e curiosos meios de troca foram usados ao longo da história: animais de granja, grãos de trigo ou objetos decorativos como pedras ou conchas, ou até cigarros, durante a Segunda Guerra Mundial.

O dinheiro

Dentre estes itens que funcionavam como meio de troca, alguns deles, devido às propriedades que descreveremos a seguir, acabaram se consolidando na economia, tornando-se no que se conhece como **dinheiro**.

Para que um determinado item, inicialmente usado como meio de troca, seja escolhido naturalmente pelo mercado como dinheiro, tipicamente esse item deve ter as seguintes propriedades:

- Ser durável, pois se o item perecesse ou estragasse o sujeito perderia todo o estocado.

- Ser fungível, pois se um item usado como meio de troca é diferente de outro, os indivíduos seriam reticentes a realizar essa negociação, preferindo estocar o item de melhor aspecto.

- Ter valor intrínseco, porque se um item não tiver valor intrínseco os indivíduos se desfariam dele ao invés de estocá-lo.

- Ser divisível, pois isso facilita sua troca e seu transporte

- Ser escasso, pois caso contrário não teria nenhum valor.

O dinheiro sólido: os metais preciosos

Observe-se como os metais preciosos como o ouro ou a prata satisfazem estes 5 requisitos:

1. Os metais preciosos são duráveis, pois eles não enferrujam nem evaporam.

2. Os metais preciosos são fungíveis, pois, por exemplo, um anel e um brinco de prata, apesar de serem itens diferentes, possuem a mesma composição química. Neste sentido, prata sempre será prata independentemente da forma.

3. Os metais preciosos possuem valor intrínseco, pois objetivamente eles são ótimos condutores elétricos. Entretanto, eles são principalmente usados para aparentar um alto status social e, portanto, seu valor intrínseco é realmente subjetivo.

4. Os metais preciosos podem ser divididos em partes menores, facilitando sua troca e seu transporte.

5. Os metais preciosos são escassos, pois no existem minas de ouro nem de prata em qualquer lugar.

O fato de ser escasso é talvez a característica mais importante. Veja que se um bem é escasso (difícil de encontrar ou de criar) isso evita que alguém consiga facilmente quebrar as regras do jogo. Efetivamente, se alguém pudesse criar um item com as características de se tornar dinheiro (e de fato, já foi tentado ao longo da história pelos chamados alquimistas), então esse indivíduo teria um grande incentivo a criar inúmeras cópias para se enriquecer, deturpando com isso o valor do mesmo.

Primeiros sistemas monetários

As primeiras moedas, ou mais bem proto-moedas, foram as chamadas moedas-ferramenta, as quais surgiram na região da China entre o segundo e o primeiro milênio a.C. Estas proto-moedas, feitas em metal, tipicamente bronze, chumbo ou estanho, consistiam em utensílios de uso diário como facas, pás ou enxadas.

Para facilitar as trocas, durante a China do primeiro milênio a.C., estas proto-moedas evoluíram naturalmente para moedas arredondadas, as quais se caracterizavam por serem furadas no centro para assim serem coletadas com cordas.

Em ocidente, as primeiras cunhagens de moedas datam do século VII a.C. na região de Lídia, na atual Turquia. A moeda lidiana consistia numa liga de ouro e prata, daí o nome de electro. O uso da moeda como sistema de troca se espalhou posteriormente para o oeste até as regiões do atual Egito, Grécia e Itália, que acabaram cunhando suas próprias moedas. Inicialmente, desde o século IV até o III a.C., algumas cidades centrais da atual Itália usaram um sistema monetário baseado no chamado *aes grave*, formado por uma liga de bronze e ferro. Um *aes grave* pesava uma libra ou *libra pondo* em latim, de onde surgirá o nome para futuras moedas, como a libra esterlina (*pound*).  Uma duodécima parte do *aes grave* era uma *uncia* em latim, de donde se deriva a palavra onça, que formará parte do peso troy, um sistema de medidas de massa, procedente da cidade francesa de Troyes, surgido durante a época medieval, e muito usado ainda hoje para medir o conteúdo em metais preciosos de alguma peça.

Tal sistema foi posteriormente adotado pela república romana, que atuava como seladora de qualidade, daí o nome de *aes signatum*. A medida que o império se expandia, os novos espólios dos territórios conquistados permitiram a cunhagem em outros metais preciosos: ouro e principalmente prata. Estas moedas eram inicialmente cunhadas por ourives privados que trabalhavam nos arredores do templo de Juno Moneta, ou Juno "a admoestadora", construído na honra da deusa Juno. Precisamente, da palavra latina Moneta é de onde se deriva a palavra espanhola *moneda*, a palavra moeda em português e *money* em inglês.

Por volta do ano 211 a.C. emergia em Roma um novo sistema baseado principalmente em prata. Este sistema trouxe uma moeda que perdurou durante a maior parte do império romano: o sestércio e principalmente o denário, de onde surge a palavra dinheiro. O sistema baseado no denário só foi substituído por Constantino I a partir do século III d.C. por outro sistema baseado no soldo ou *solidus*, forjado em ouro.

A INTERVENÇÃO DO ESTADO

Apropriação da cunhagem da moeda

> "Deixe-me emitir e controlar o dinheiro de uma nação e não me importarei com quem redige as leis." Mayer Amschel Rothschild

Com a adoção dos metais preciosos como moeda, a metalurgia se converteu em uma das especializações mais prestigiosas ao longo da história. Os ourives conseguiam fundir os metais para separar estes nas suas componentes e assim forjar a moeda, dando o tamanho, a forma e a pureza adequadas.

O poder de cunhagem não passou, porém, despercebido para os imperadores. Há, de fato, vários registros históricos da proibição e apropriação dessa cunhagem. Na China imperial do ano 186 a.c. a cunhagem privada foi efetivamente proibida, passando a ser monopólio da dinastia. Também, ao redor do ano 766 d.C. no Japão, ourives privados foram apreendidos e escravizados por desafiar a cunhagem oficial da corte nipônica.

No império romano, como acabamos de relatar, a cunhagem da moeda foi inicialmente feita também por ourives privados. Entretanto, diante da cada vez maior insegurança, eles aceitaram a proteção imperial que cuidava do templo de Juno Moneta. Com isso, o império foi tomando gradualmente o controle da cunhagem da moeda para si próprio.

Com a moeda sob controle, o império romano podia

comprar todos os produtos ou serviços que quiser, dentre eles pagarem a soldados para expandir as fronteiras do império, conseguindo com isso mais riqueza através de espólios e impondo tributos aos habitantes das terras conquistadas.

A apropriação e o monopólio da cunhagem da moeda ou, em outras palavras, o controle da emissão do dinheiro, é algo claramente benéfico para qualquer Estado. Não deve então resultar estranho que todo governo acabe mais cedo ou mais tarde se apropriando desse poder.

Desvalorização da moeda no império romano

O fato da cunhagem da moeda ficar nas mãos do imperador criava um grande incentivo para a criação de mais moeda a um custo menor.

No caso do império romano, tal fraude não demorou em chegar, pois o império enfrentava cada vez mais problemas para se manter:

- A região italiana não tinha minas de metais preciosos. Estes tinham que vir de fora, especificamente, da região grega ou da Hispânia.

- Fronteiras mais amplas trazia maior arrecadação, mas também maiores despesas militares.

- A balança comercial com a Índia era deficitária, a qual

sugava a prata do império.

- A despreocupação dos imperadores em manter um equilíbrio fiscal.

Esses problemas levaram ao imperador Nero, e a todos os imperadores subsequentes, a abusar da confiança de seus súditos diminuindo o tamanho do denário e reduzindo gradualmente a porcentagem de prata contida nele, criando assim mais moedas com a mesma quantidade de prata, ou seja, criando mais moeda não respaldada por um aumento real de riqueza. Durante este processo que levou séculos, o denário de prata ao 100%, inicialmente criado no século II a.C., acabou contendo apenas um 0,02% de prata por volta do ano 270 d.C. no reinado de Cláudio II.

Podemos entender os efeitos de uma desvalorização da moeda usando os conceitos estudados no capítulo anterior. Podemos ainda usar dois pontos de vista: o ponto de vista dos produtos ou serviços e o ponto de vista do dinheiro como um produto em si.

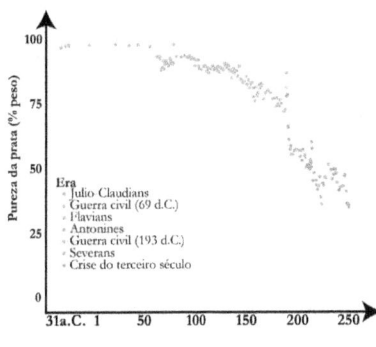

Fonte: "The Metrology of the Roman Silver Coinage" D.R. Walker (1976-78). A porcentagem em prata do denário romano foi diminuindo continuamente durante o império romano. Esta desvalorização da moeda produziu uma inflação dos preços. A inflação no império romano, devida ao abuso dos governantes, foi um dos primeiros e melhor relatados eventos de inflação na história.

Do ponto de vista dos bens ou serviços, os produtores, que percebem a desvalorização da moeda, exigirão mais quantidade de moedas para vender esses mesmos bens ou oferecer esses mesmos serviços, o qual desloca a curva da oferta para cima, desembocando em inflação nos preços. Já do ponto de vista do dinheiro como um produto, se o império aumenta a quantidade de dinheiro circulante na economia (mais dinheiro pelo mesmo valor em prata), a curva da oferta do dinheiro se deslocará para baixo, produzindo uma desvalorização do mesmo.

Como sabemos, ambos os pontos de vista são realmente equivalentes, pois o efeito líquido da desvalorização da moeda é sempre o mesmo: a perda de poder aquisitivo dos cidadãos, os quais enfrentarão preços mais altos ou, equivalentemente, dispor de um dinheiro desvalorizado, ou seja, um dinheiro que compra menos.

A desvalorização da moeda levou aos próprios soldados a exigir aumentos salariais gradativamente. De fato, o salário de um soldado era de 900 sestércios por ano na época do imperador Augusto por volta do ano 1 d.C., o qual aumentou até 2000 sestércios durante o reinado de Lúcio Sétimo Severo, 200 anos depois. O problema foi que o preço do grão aumentou até mais do triplo e, portanto, nem o aumento de salários se tornou suficiente para enfrentar a inflação dos preços.

Este processo de inflação nos preços, ou de desvalorização da moeda, que aconteceu durante o império romano, contribuiu a aumentar a disparidade social entre as classes, separando os detentores de ativos, tipicamente as classes altas, dos que não detinham nada, as classes baixas. Tal disparidade social debilitou a estrutura do império romano, o qual contribuiu à sua derrocada.

Capítulo III

ECONOMIA 1.0

Do dinheiro sólido até o papel-moeda

Introdução

No capítulo anterior entendemos que os indivíduos têm necessidades ou vontades que precisam ser satisfeitas, e para isso, eles produzem seus próprios bens de consumo ou de capital, ou ofertam serviços, e os trocam por outros bens ou serviços de outro indivíduo, o qual produz os seus.

Como foi visto, em sociedades primitivas essas trocas são inicialmente feitas por escambo. Porém, é questão de tempo que, dentro dessa mesma sociedade, emerja o conceito do dinheiro. O dinheiro, todavia em forma metálica, facilita e agiliza as trocas voluntárias entre indivíduos.

Entretanto, novas inovações se tornarão necessárias para agilizar ainda mais essas trocas. Neste capítulo vamos estudar como o dinheiro passará de ser algo sólido, baseado em metais preciosos, para se tornar papel ou, sendo mais rigorosos, papel-moeda.

Veremos mais adiante que a introdução do papel-moeda trará muitos benefícios, estabelecendo as bases do que chamaremos economia 1.0, um sistema econômico ainda básico e central, baseado na confiança, mais com o qual os indivíduos podiam começar a interagir usando novos instrumentos financeiros, sempre sobre a base dos metais preciosos. Entretanto, tal confiança acabará sendo eventualmente deturpada pelo poder central.

O PAPEL-MOEDA E OS

PRIMEIROS BANCOS

As casas de custódia e os certificados de depósito

Além dos chamados meios de troca, os quais, devido a suas propriedades, acabaram evoluindo para o dinheiro sólido, durante a pré-história também emergiu outro tipo de dinheiro: o chamado **dinheiro representativo**.

Este dinheiro representativo surgiu como necessidade dos indivíduos, pois estes não tinham suficiente espaço nem infraestrutura para estocar e proteger suas mercadorias ou seus excedentes de produção. Ante este impasse, algumas civilizações como a chinesa ou a babilônica, começaram a oferecer seus palácios e seus templos para resolver esse problema da armazenagem. Dessa maneira, o usuário deixava lá seu estoque e, em troca, como comprovante, recebia um **token**: uma espécie de ficha feita de argila.

O dinheiro representativo não tinha nenhum valor, mas os usuários o aceitavam de bom grau, pois entre eles podiam trocar esses *tokens* em lugar de perder o tempo sacando e transportando as mercadorias de uma casa para outra.

Com o passar do tempo, quando o uso dos metais preciosos começou a ser valorizado como meio de troca, surgiu a necessidade de custodiar não só as mercadorias, mas também ditos metais preciosos, pois acumular eles dentro do próprio lar começou a se tornar demasiado arriscado. Foi assim como, de maneira natural, atendendo à demanda do mercado, nasceu uma nova especialização: o serviço de custódia.

Com esta nova especialização os interessados podiam deixar seus metais preciosos em **casas de custódia** e, em contrapartida, o custodiante emitia um **certificado de depósito**, o qual garantia ao portador o resgate de todos seus metais preciosos a qualquer momento. Em contrapartida, o custodiante ficava com uma pequena parte do estoque do cliente por oferecer seu serviço de custódia.

Os certificados de depósito ofereciam bastantes vantagens aos detentores:

1. Eram mais fáceis de portar e de transportar que os metais preciosos.

2. Eram mais fáceis de esconder e, portanto, mais difíceis de roubar.

3. Pelo mesmo motivo que o dinheiro representativo, eram mais convenientes para realizar trocas pelos bens ou serviços de outro indivíduo, o qual passava a aceitar estes certificados desde que confiasse na casa de custódia.

O papel-moeda

Os primeiros certificados de depósito que se conhecem datam da dinastia Han (desde 206 a.C. até 220 d.C.) na China, os quais eram feitos em couro. Mas ao redor dessa mesma época, na cidade de Cartago, já começava a se usar também o pergaminho.

Entretanto, não foi até o século VII que os certificados de depósito tomaram um formato de papel. Durante a dinastia Tang (séculos VII-X) o chamado **papel-moeda** circulava livremente, sendo comumente usado pelos cidadãos para realizar suas trocas voluntárias. O sucesso deste sistema monetário foi tal que posteriormente foi adotado por um dos maiores impérios da história, o império mongol, durante os séculos XIV e XV.

Já na Europa, o papel-moeda foi descoberto graças às viagens de Marco Polo até a China durante o século XIII, mas só foi introduzido ao redor do ano 1660 graças a um empreendedor financeiro sueco chamado Johan Palmstruch, quem emitia estes papéis-moeda, semelhantes às notas de dinheiro que usamos hoje em dia, para aquele que deixasse metais preciosos sob sua custódia. O sucesso deste empreendimento levou a Palmstruch a fundar o chamado Banco de Estocolmo. Anos depois, em 1668, este banco foi absorvido pelo rei, mudando de nome para Banco da Suécia, tornando-se assim o primeiro banco central do mundo.

Como curiosidade, em 1968, após 300 anos da sua fundação, o Banco da Suécia criou o "Prêmio do Banco Central da Suécia de ciências econômicas em memória de Alfred Nobel", comumente conhecido como prêmio Nobel de Economia.

Os empréstimos e os ativos financeiros

Em um ambiente de livre comércio é normal que certos indivíduos se lucrem mais do que outros. Isso acontece porque os produtos ou serviços nos quais esses indivíduos se especializaram se tornaram muito demandados, ou pouco ofertados, pelo mercado. Nesse contexto, alguns destes indivíduos que acumularam riqueza começaram a se especializar em outro tipo de serviço: **o empréstimo** de metais preciosos.

O empréstimo é um instrumento financeiro muito parecido ao certificado de depósito, só que o dinheiro flui em sentido contrário. Num certificado de depósito, o custodiante tem a obrigação de devolver os metais preciosos para o depositante, quando este assim o reclamar. Desta forma, o custodiante se torna devedor, e portanto tem uma obrigação de pago, ou seja, um passivo, e o depositante vira credor, pois ele possui um direito de reembolso, ou seja, um **ativo financeiro**. Já num empréstimo, quem fica com os metais preciosos, neste caso o prestatário, se torna devedor, e portanto, ele tem um passivo financeiro, e o prestamista se converte em credor, e portanto, ele tem um ativo financeiro.

Os primeiros bancos

Os primeiros empréstimos datam da Babilônia do século XVIII a.C. realizados por sacerdotes de templos para comerciantes. Porém, só foi a partir do ano 1100 d.C. que os empréstimos se estenderam como instrumento financeiro, pois grandes somas de dinheiro se tornaram necessárias para financiar as cruzadas. Foi assim que, mais uma vez, atendendo a uma demanda do mercado, os empréstimos passaram de ser levados a cabo por indivíduos a serem realizados por unidades econômicas ainda mais especializadas: os **bancos**.

Dada dita necessidade, o primeiro banco moderno, e o mais importante de época, foi fundado em Florença em 1397 por uma família, os Médici, que tinha se enriquecido anos antes com o comércio têxtil. Posteriormente, outros bancos foram emergindo em outras cidades vizinhas como Gênova, Veneza e Pisa, muitas delas tornando-se pólos importantes do movimento cultural da época: a Renascença.

Resulta interessante reparar como estas cidades-estados se tornaram grandes centros culturais. A liberdade da época favoreceu o comércio, tal comércio trouxe riqueza, e a riqueza trouxe qualidade de vida, dentro da qual sobrava tempo para lazer e para se dedicar a atividades culturais. Essa é, portanto, a ordem natural das coisas: a cultura emerge da liberdade econômica, e não ao contrário.

O uso e abuso de todo poder central

Como já relatamos no capítulo anterior, o poder central sempre teve um grande incentivo em se apropriar da cunhagem da moeda quando esta era em forma de metais preciosos. A história demonstra que este incentivo não mudou em absoluto quando o dinheiro passou a ser emitido em formato de papel-moeda. Efetivamente, em 1023 d.C., o governo da dinastia Song, foi o primeiro da história em nacionalizar a emissão do papel-moeda e nunca mais liberou esse monopólio.

O problema do controle da emissão do papel-moeda e que, como poucos clientes reclamam o resgate de seu dinheiro sólido em metais preciosos, o custodiante possui um grande incentivo em emitir mais papel-moeda de aquele colateralizado aos metais preciosos sob custódia. Dessa maneira, ao emitir mais papel-moeda do que o lastreado, se todos os clientes forem ao mesmo tempo a reclamar seus metais preciosos em troca de seus certificados, o custodiante não teria como atender essa demanda, não havendo outra opção que dar calote. Como consequência, se os usuários perdem a confiança no papel-moeda emitido, a demanda por eles cai, resultando em sua desvalorização, ou equivalentemente, na inflação potencial dos preços dos bens e serviços quando esse papel-moeda é de amplo uso.

A partir do momento em que os governos, ou qualquer outro ente central, toma o controle da emissão do papel-moeda, os eventos de inflação ou hiperinflação se tornam contínuos. Nesses casos, como acabamos de explicar, o ente central acaba emitindo mais papel-moeda do que deveria, até final e unilateralmente remover a conversibilidade de papel-moeda por metais preciosos.

Precisamente, foram estas razões as que levaram a registrar um dos primeiros eventos de hiperinflação associado ao papel-moeda. Durante o final da dinastia Yuan (1279–1368 d.C.) o papel-moeda chegou a perder quase todo seu valor, o que levou aos cidadãos a voltar a negociar através de escambo.

Do outro lado do mundo, outro relato interessante veio séculos depois do mesmo banco de Estocolmo, o qual foi pioneiro na Europa na emissão de papel-moeda respaldado em metais preciosos. Muitos empreendedores da época solicitaram empréstimos ao banco, o qual sem pensar duas vezes começou a imprimir papel-moeda além do que realmente estava colateralizado, para assim atender a demanda de seus clientes. Entretanto, sobre o outono de 1663, a quantidade de papel-moeda emitida era tanta, que seu valor começou a cair no mercado. Assim, quando os clientes voltaram ao banco para reclamar seus metais preciosos comprovaram que este era incapaz de atender tal demanda. Ante essa eventualidade, e apenas após 3 anos da sua fundação, em 1664 o banco de Estocolmo decretou falência, passando do grande sucesso inicial a um estrepitoso fracasso.

Como estamos vendo, e como continuaremos analisando ao longo desta incursão histórica, toda vez o que dinheiro é monopolizado por um ente central, a eventual falha é só questão de tempo.

AÇÕES E TÍTULOS DE DÍVIDA CORPORATIVA

O desejo por produtos novos

As viagens de Marco Polo até a China durante o século XIII não só serviram para introduzir a ideia do papel-moeda na Europa, mas também para estimular a curiosidade dos europeus por produtos novos como as especiarias ou a seda. Este desejo por produtos exóticos provocou um forte aumento do comércio, que trouxe riqueza para a região.

Entretanto, a principal força expansionista da época não era a Europa, pois ainda não tinha poder militar suficiente, e sim os muçulmanos. Enquanto os turcos otomanos conquistavam Constantinopla em 1453, o islão continuava a se expandir para o Leste até os domínios da Indonésia e Filipinas. A ocupação muçulmana das chamadas Índias Orientais encareceu o comércio de especiarias, produto que foi se tornando indispensável para os europeus.

O encarecimento dos produtos vindos do Leste criou, porém, oportunidades de lucro e, portanto, um grande incentivo para a retomada das índias orientais por parte dos próprios europeus. Foi assim como a coroa portuguesa, a mais avançada da época enquanto a navegação, lançou-se nessa aventura. Em 1498, Vasco de Gama bordeou o Cabo de Boa Esperança, conseguindo chegar até a Índia. A partir dessa conquista, novos navios foram enviados e progressivamente a coroa portuguesa foi tomando o controle do comércio das especiarias.

A primeira empresa multinacional

Lisboa se tornou assim o centro de distribuição europeu de especiarias, de onde eram posteriormente fretadas para Antuérpia, a qual se converteu num centro de redistribuição. Entretanto, por conveniências políticas da coroa portuguesa o centro de redistribuição foi transferido para Hamburgo, o qual levou à falência a todos os comerciantes neerlandeses da época. Isso, porém, criou outro grande incentivo para que os próprios os neerlandeses, avaliando as oportunidades de lucro, tomassem o controle das índias orientais.

Foi neste contexto que, em 1602, surge a chamada Companhia Neerlandesa das Índias Orientais ou *Vereenigde Oostindische Compagnie* (VOC), a primeira **corporação**

multinacional do mundo. A VOC introduziu um novo modelo de negócio. Até essa época, todos os investimentos eram efêmeros e individualizados. Por exemplo, uma empresa era criada para efetuar uma viagem específica e depois era liquidada quando o navio retornava. Entretanto, a VOC unificou a frota, formando assim uma corporação. A VOC se tornou a primeira empresa de capital aberto e durante uns 200 anos repartiu um 18% de dividendos a seus investidores até o ano 1800, quando decretou falência.

A primeira bolsa de valores

A palavra bolsa provém de um prédio que pertencia a uma família nobre belga, os *Van der Buerse*, da cidade europeia de Bruges, onde se realizavam reuniões de carácter mercantil.

Entretanto, o primeiro mercado de bolsa de valores conhecido foi criado em Antuérpia, dentro de seu contexto de centro de redistribuição de especiarias da época. Posteriormente, esse domínio passou às mãos dos holandeses, e Amsterdam se tornou a capital comercial do mundo graças à VOC, quem fundou sua própria bolsa de valores em 1602. Inicialmente, nesse mercado de bolsa apenas eram negociadas as ações da VOC e seus títulos de dívida. Anos depois, a bolsa se renomeou como Bolsa de Valores de Amsterdam, sendo a primeira em negociar ativos financeiros.

As ações

A ideia de dispor de um lugar físico, o mercado de bolsa, onde os indivíduos podiam negociar livremente seus ativos financeiros se tornou uma importante inovação que se estendeu a todas as cidades comerciais da época. Para uma empresa ser negociada em bolsa ela tinha que se tornar pública, mostrando sua contabilidade, pois assim, qualquer usuário, caso interessado, poderia adquirir uma fatia dela. Esta pequena fatia se conhece como **ação**, e esta não é mais que um papel que certifica que o possuidor é dono de uma pequena parte da empresa. E já que o número de ações nas quais uma empresa se divide é finito, e portanto é teoricamente um bem escasso, se uma empresa cresce, sua ação haverá-se valorizado. Além disso, já que o lucro que gera a empresa é também da propriedade de todos os acionistas, estes podem decidir entre usar esse lucro para que a própria empresa o invista e se torne mais competitiva, ou eles podem decidir, como proprietários, ficar com parte desse lucro. Isto é o que se conhece como **dividendo**.

As ações são como um modo de criar uma simbiose entre a empresa, que precisa de dinheiro para seu empreendimento, e o investidor, que pode achar interessante investir numa oportunidade com potencial de dar lucro. Esta simbiose é uma ótima maneira através da qual, dentro de uma sociedade livre, ideias boas, porém caras de serem levadas a cabo, consigam se materializar.

Os títulos de dívida privada

Em alguns casos pode acontecer que uma determinada empresa tenha um grande incentivo para efetuar um empreendimento, porém, ela não disponha do capital suficiente para isso. Nesse caso, a empresa pode emitir o que se conhece como **título de dívida privada**. Nessa oportunidade, o investidor que acha lucrativo esse empreendimento decide comprar esse título. Dessa maneira, o investidor recebe o título de dívida, o qual poderá, por sua vez, vender no chamado **mercado de dívida** e a empresa recebe o dinheiro, ou mais estritamente o **capital** financeiro, com o qual poderá adquirir os bens de capital necessários para ofertar mais serviços, ou melhorar a qualidade deles, ou para ofertar mais bens de consumo, ou melhorar a qualidade deles. O título de dívida tem uma data de vencimento, após a qual o investidor recebe seu dinheiro de volta além dos juros do empréstimo. Ou seja, o possuidor é bonificado e, por isso, o título é também chamado de *bond* ou bono.

Entender os títulos de dívida, sobre tudo a dívida pública, é uma das peças mais importantes do quebra-cabeças econômico. Aprofundaremos nisso no próximo capítulo. Por enquanto apenas salientar que a dívida pode ser emitida por entes públicos ou por entes privados. Dentro de estes últimos, se quem emite dívida é um banco privado, esta é chamada de dívida privada financeira. Já se quem emite dívida é uma empresa, esta é denominada dívida privada não-financeira, ou dívida corporativa.

OS BANCOS CENTRAIS

O modelo de banco central

O sistema monetário da Europa do século XVII era um tanto peculiar. Ao contrário das dinastias chinesas e o império mongol, nos quais o papel-moeda era amplamente usado, na

Europa dessa época, vários tipos de moedas baseadas em metais preciosos circulavam ao mesmo tempo e ainda dentro da mesma nação.

Foi neste contexto quando, no final do século XVII emerge a figura de uns dos primeiros economistas da história: John Law. Após uma tumultuada vida independente em Londres, de onde teve que fugir para evitar a cadeia, Law viajou até a cidade de Amsterdam, onde se especializou em Economia. Law ficou fascinado com esse avançado ambiente mercantil, no qual, como acabamos de descrever, surgiram os primeiros mercados de bolsa e as primeiras fugazes tentativas do uso da papel-moeda e onde já existiam importantes bancos como o Banco de Amsterdam, inspirado pelo do Banco da Suécia.

Em 1715 Law se traslada a Paris, onde oferece seus serviços para seu amigo, o duque Filipe II de Orleans, o qual se tornou regente da França, após a morte de Luís XIV, e até que seu sucessor, Luís XV, com 5 anos naquela época, se tornasse maior de idade.

As grandes despesas da monarquia absolutista francesa tinham devastado a economia do país. A escassez de metais preciosos tinha de fato enfraquecido o comércio, o qual não gerava arrecadação suficiente para a coroa. Ante esse desafio, o regente, Felipe II, não teve outra opção que confiar nas teorias polêmicas de Law, para quem os metais preciosos não valiam nada como riqueza nacional e sim o próprio comércio. Sua ideia era criar um banco que ministrasse as finanças do governo, substituindo os metais preciosos circulantes no mercado por um papel-moeda e, ao mesmo tempo, criar uma empresa estatal dedicada ao comércio, para assim poder negociar os títulos de dívida da coroa por ações dessa empresa.

As ideias de Law foram postas em prática com a criação em 1716 de um novo banco, o Banco Geral Privado, o qual tinha a autorização de emitir papel-moeda respaldado por depósitos em ouro. Dois anos depois, este banco, passou a se chamar Banco Real, o qual se tornou o primeiro banco nacional da França.

A ideia de ter um banco nacional, em conluio com a monarquia, que controlasse todas as finanças dos cidadãos, foi certamente do agrado de outros monarcas. Por isso, pouco a pouco, a maioria dos países próximos começaram a instituir seu próprio banco central.

Corrida aos bancos

>—"Como você foi na falência?" Perguntou Bill.
>—"Pois de duas maneiras." Disse Mike. "Primeiro aos poucos e depois de repente."
>
>Do livro: "O Sol também se levanta" de Ernest Hemingway

O sucesso de Law ao instituir um banco central dominador não demorou em se tornar outro estrepitoso fracasso. Após esse sistema gerar grandes benefícios, benefícios principalmente para a monarquia, o regente ordenou a impressão do equivalente a umas três mil milhões de libras, ou seja, quase a totalidade do Produto Interno Bruto do país. Essa emissão de papel-moeda produziu uma forte inflação, a maior da Europa até essa data. Ante essa queda do poder de compra, os cidadãos começaram a acudir ao banco central para redimir suas propriedades em ouro, mas logicamente o banco não tinha como atender essa demanda.

Duas medidas foram então tomadas para conter essa crise. Primeiro, o regente proibiu a possessão de joias e a acumulação de mais de 500 libras em metais preciosos. Dessa maneira, aqueles com mais do estipulado deviam levá-lo ao banco, banco em plena falência, para trocar por papel-moeda. A segunda medida foi contratar mendigos e vesti-los com picaretas para fazê-los desfilar pelas ruas de Paris, como se fossem procurar ouro nas minas de Luisiana. Evidentemente, nenhuma das medidas funcionou e em apenas 2 meses todo o sistema financeiro nacional colapsou, gerando uma profunda crise na França e em parte da Europa. Ninguém mais confiava no papel-moeda da coroa nem no próprio Estado francês. Sendo assim, John Law foi destituído, tendo que fugir para Veneza, vestido de mulher, para evitar ser reconhecido.

Foi nesse caos econômico e descontentamento social com a monarquia que o país é conduzido até a conhecida Revolução Francesa (1789), a partir da qual emerge a figura de Napoleão Bonaparte, sendo este a típica personagem populista "salvadora da pátria". Bonaparte, inspirado em Alexandre o grande, soube aproveitar a raiva da população francesa para invadir países vizinhos na tentativa de formar um grande império europeu. Entretanto, os delírios de grandeza de uma França arrasada economicamente não foram muito longe.

Com o início das guerras napoleônicas deu-se fim a outra época de grande desenvolvimento cultural que tinha nascido na Europa desde meados do século XVIII: o iluminismo.

Capítulo IV

ECONOMIA 2.0

Do papel-moeda ao dinheiro digital

Introdução

No capítulo anterior estudamos como o papel-moeda, predecessor das notas de dinheiro que usamos hoje em dia, emergiu a partir de certificados de depósito de metais preciosos. O papel-moeda oferecia uma vantagem evolutiva aos possuidores, tornando-os mais livres. Essa vantagem propiciou maior quantidade de trocas voluntárias, tornando-se estas mais seguras e também mais rápidas. Trocas que favoreceram o comércio, graças ao qual emergiram épocas de grande desenvolvimento cultural na Europa. Um desenvolvimento cultural, porém, interrompido pelo abuso do papel-moeda por parte do poder central, o qual desembocou em descontentamento social e posteriormente em guerras.

Neste capítulo, continuaremos estudando o processo de transformação do dinheiro, tornando-se finalmente digital, facilitando mais ainda as transações. A crescente especialização da manufatura dos produtos e serviços criará novos empregos e reativará o comércio, fazendo com que cada vez mais usuários estejam envolvidos na economia. A maior parte da população mundial começará a usar gradualmente o papel-moeda, já em forma de notas, e muitos acabarão tendo uma conta bancária, contendo dinheiro digital, a partir da qual poderá se transacionar apertando uns poucos cliques de mouse. Entretanto, essas trocas serão mediadas por um dinheiro fiduciário, sem valor algum, cuja emissão é controlada por um ente emergente em conluio com os governos: os bancos centrais, os quais irão criando progressivamente distorções cada vez mais preocupantes no mercado financeiro.

O CAPITAL

A revolução industrial e o capitalismo

Por volta do ano 1750, com colônias em América do Norte, no caribe e na Índia, Grã-Bretanha controlava o comércio mundial. Naquela época, o país experimentava uma grande revolução na agricultura, graças à qual a produção se tornou mais rápida e barata. Isso por sua vez provocou uma queda dos preços e um aumento na ociosidade dos campesinos.

Enquanto isso, uma grande instituição financeira tinha se estabelecido e consolidado na Grã-Bretanha da época, o Banco Central de Inglaterra, o qual tinha sido fundado em 1694, pouco tempo depois do primeiro banco central de Europa, o Banco da Suécia.

Com mais tempo livre, com mais dinheiro e com fácil acesso ao crédito bancário, abria-se a possibilidade dos indivíduos participarem, seja como consumidores ou como produtores, em outros setores da economia. Nesse contexto, muitos, outrora campesinos, na procura de oportunidades de lucro acabaram migrando do campo para a cidade tornando-se empresários ou empregados do setor industrial.

Este foi o contexto da chamada **revolução industrial**, na qual a manufatura dos produtos passava de ser feita a mão a ser feita com máquinas. Esta nova maneira de produzir se estendeu por toda Europa e América do Norte, produzindo uma grande melhora nas comunicações, um forte incremento populacional e uma disparada da renda per capita como nunca vista antes na história.

Um dos fatores importantes que tornou a revolução industrial possível foi um marco legal implantado pelo governo inglês da época com duas interessantes premissas:

1. A proteção da propriedade privada.

2. As poucas restrições ao empreendedorismo.

Este marco legal, que se tornou um sucesso, é o que se conhece como sistema econômico capitalista ou capitalismo. O sistema capitalista estimula as pessoas para que estas, na procura pelo lucro, se animem a empreender dentro de um ambiente de liberdade, ou seja, sem entraves governamentais.

A ascensão dos EUA e da URSS

Enquanto a França tinha sucumbido ao modelo absolutista, onde a monarquia, cada vez com menos crédito entre a população, sugava todo o dinheiro desta através de impostos, o que, como temos visto, desembocou na revolução francesa e na posterior ascensão de Napoleão, Grã-Bretanha se abria ao livre mercado e à industrialização. De fato, após a derrota da França nas guerras napoleônicas (1803-1815), Grã-Bretanha emergia como o principal império do século XIX. Com seu domínio inquestionável da sua frota naval, um período de relativa paz dominou a Europa desde 1815 até 1914.

Entretanto, uns Estados Unidos de América já independizados da Grã-Bretanha, após as colônias americanas terem vencido a guerra de independência (1775-1783), e sobre tudo Alemanha, começaram a desafiar esse poder. As tensões militares entre a Alemanha e a Grã-Bretanha foram de fato umas das razões do estouro da Primeira Guerra Mundial. Este conflito mundial enfraqueceu o poder militar e econômico de Grã-Bretanha, que ainda manteve seu grande império colonial após a Primeira Guerra Mundial. Entretanto, e apesar de sair vitorioso da Primeira e também da Segunda Guerra Mundial, Grã-Bretanha não conseguiu manter sua hegemonia. Duas novas potências tinham surgido após a Segunda Guerra Mundial: os Estados Unidos de América e a União das Repúblicas Socialistas Soviéticas (URSS).

O PADRÃO-

O padrão-ouro em espécie

Como foi estudado no capítulo II, um dos primeiros sistemas monetários conhecidos usando como **padrão o ouro em espécie** foi criado pelo imperador romano Constantino I ao redor do 300 a.C., quem cunhou uma moeda com 100% de pureza: o soldo ou *solidus*. O soldo continuou funcionando durante o império bizantino até o século X, quando se transformou no chamado bezant. Entretanto, com a queda do império bizantino, o bezant foi substituído na Europa por moedas baseadas em prata, ao estilo do denário romano.

O século XV veio com ascensão do império espanhol, quem a partir de 1497 começou a cunhar sua própria moeda de prata, o dólar espanhol. Com a colonização da América a partir de 1492 e o posterior descobrimento de minas de prata no México (1522) e Potosí na Bolívia (1545), o dólar espanhol não perdeu prestígio e continuou sendo usado durante um bom tempo na Europa da época. Precisamente dessa hegemonia do dólar espanhol foi de onde surgiu o nome de dólar para a que seria a moeda americana séculos depois.

Posteriormente, em 1704, a rainha Ana, rainha da Inglaterra, Escócia e Irlanda, unificou todos os Estados para criar Grã-Bretanha e, com a ajuda de Isaac Newton, membro da casa da moeda britânica naquela época, estabeleceu a partir de 1717 uma nova proporção de cunhagem para favorecer o uso do ouro como moeda frente à prata. O ouro foi tornando-se progressivamente a moeda não oficial da coroa britânica, sendo oficial apenas a partir de 1817, com a moeda conhecida como *sovereign*, de valor equivalente a uma libra esterlina, com um conteúdo de 0,2354 onças troy em ouro.

O padrão-ouro

Por aquela época o Banco de Inglaterra, já emitia papel-moeda em troca dos depósitos em ouro, mas em quantidades irregulares. Só foi a partir de 1833 que o Banco de Inglaterra começou a emitir notas de papel-moeda em múltiplos da libra, tornado assim o papel-moeda da libra esterlina a nota de curso legal em toda Grã-Bretanha, mas não sem antes proibir a outros bancos privados que a emitissem. Por volta de 1844 o Banco de Inglaterra já permitia a livre conversibilidade da libra esterlina por seu valor em ouro.

Este modelo é o que se conhece como **padrão-ouro**. O padrão-ouro é um sistema através do qual, o governo que o implanta, garante uma total conversibilidade das suas notas de papel-moeda por ouro. A ideia desta plena conversibilidade em toda a nação foi modelada por David Hume em 1752, quem percebeu o estrepitoso fracasso de seus vizinhos franceses, quando o duque de Orleans, sob a tutela de John

Law, começou a distribuir papel-moeda não lastreado em reservas em metais preciosos.

A total conversibilidade definida pelo padrão-ouro britânico habilitou um sistema financeiro de forte confiança, o qual contribuiu, como já explicamos, para que Grã-Bretanha se tornasse a primeira potência mundial. O sucesso deste sistema foi tal que a maioria das nações importantes, assim como as emergentes, o adotaram, sendo, em primeiro lugar, o padrão-ouro em espécie (ou o padrão-prata em espécie em alguns países como Espanha e inicialmente nos EUA de 1785), e posteriormente o padrão-ouro em si, o que deu lugar a que cada país tivesse seu próprio papel-moeda soberano.

A remoção do padrão-ouro

> "Na ausência do padrão-ouro, não há como proteger as poupanças do confisco gerado através da inflação." Alan Greenspan

O padrão-ouro tornou-se o sistema monetário internacional exemplar, dando lugar a uma grande época de prosperidade entre 1870 e 1913, a chamada *bellé époque*. O sistema baseado no padrão-ouro era sólido e estável porque a riqueza de um país estava atrelada a suas reservas, sem as quais não existiria esse ambiente de confiança e estabilidade dos preços. Sob o padrão-ouro, nenhum governo poderia imprimir notas à vontade, afastando o perigo de uma eventual inflação. Ou dito de outro modo, sob o padrão-ouro, é a Natureza quem coloca as regras, não os governos.

Entretanto, no prelúdio da Primeira Guerra Mundial, devido à escalada de tensão entre as nações, alguns cidadãos europeus começaram a duvidar da solvência do sistema financeiro. Efetivamente, os países precisavam de dinheiro para financiar a eventual guerra, e como as reservas de ouro eram limitadas, só restava a opção de imprimir notas sem respaldo em ouro. Essa falta de confiança gerou corridas aos bancos para trocar as notas soberanas por ouro. Ante tal eventualidade, os bancos começaram a colocar controles ao câmbio. A grande demanda por ouro, junto com a diminuição de sua oferta, fez seu preço disparar e, em consequência, o preço do papel-moeda desabar. Este efeito geral inflacionou os preços em todos os países beligerantes. Em Grã-Bretanha e nos EUA os preços duplicaram, na França triplicaram e na Itália quadruplicaram.

Foi assim como, através desses controles ao câmbio, os países beligerantes na beira da Primeira Guerra Mundial, de maneira não oficial para não aumentar a corrida aos bancos, acabaram tacitamente **removendo o padrão-ouro**.

Apelando ao patriotismo, o Banco da Inglaterra conteve tal pânico até 1925, quando conseguiu restabelecer o padrão-ouro. Entretanto, com o período da chamada Grande Depressão (1929-1939), iniciada com a crise americana de 1929, todos os países voltaram a abandoná-lo; desta vez oficial e quase definitivamente.

O SISTEMA BRETTON WOODS

A Reserva Federal

> "Acredito que o sistema bancário é mais perigoso para nossas liberdades que os exércitos regulares." Thomas Jefferson

Após a Segunda Guerra Mundial, e apesar de ter saído vencedora, Grã-Bretanha ficou arrasada, sua economia afundou em dívidas e todas suas colônias foram perdidas. O domínio britânico tinha chegado ao fim, sendo os EUA e a URSS as novas potências mundiais emergentes.

Os EUA tinham adaptado sua economia às necessidades bélicas da época, se enriquecendo consideravelmente durante o período das guerras mundiais. Isso lhe permitiu manter o padrão-ouro mesmo durante as guerras, o que lhe proporcionou bastante prestígio. Os EUA se transformaram, de fato, de país devedor a país financiador das nações em conflito. Foi assim que, por volta de 1945, no final da Segunda Guerra Mundial, com apenas o 7% da população global, a economia dos EUA representava o 50% do Produto Interno Bruto mundial.

A economia americana, porém, sofreu várias crises pontuais durante os anos anteriores, o que a levou a decretar em 1913 a formação de seu próprio banco central, a chamada **Reserva Federal**. Contudo, apesar de ser instituída para mitigar as crises, a Reserva Federal não conseguiu conter a Grande Depressão. Na tentativa de sair dessa depressão econômica, o congresso americano tomou em 1933 uma polêmica medida: a ordem executiva 6102, mediante a qual era permitido ao governo confiscar o ouro de seus cidadãos. Um ano depois, em 1934, mediante o *Gold Reserve Act*, a propriedade de todo o ouro dos cidadãos passava automaticamente a mãos do Tesouro americano. Entretanto, o governo garantia a estes a conversibilidade de seu ouro por 35 dólares a onça, bastante a mais dos 21 dólares por onça do câmbio que tinha sido previamente estabelecido pelo *Gold Act* em 1900. Ou seja, os cidadãos ficariam com um papel-moeda já desvalorizado um 66% frente ao ouro. Além disso, era proibido ao Tesouro ou a qualquer outra instituição financeira cambiar papel-moeda (dólares) por ouro.

O sistema Bretton Woods

As novas potências mundiais emergentes, os EUA e a URSS, tinham políticas econômicas completamente antagônicas. Enquanto a URSS tinha se pregado ao comunismo para se opor ao domínio inglês do começo do século XX, os EUA tinham herdado o capitalismo britânico da sua pátria mãe. Enquanto a URSS tinha um sistema econômico fechado e protecionista, os EUA implantaram um sistema aberto e de livre mercado. Entretanto, os EUA tinham um sério problema: com quem iriam comerciar nesse ambiente de economia global devastada por duas guerras mundiais consecutivas e com a maioria dos países receosos de abrir suas portas ao comércio para não perder suas reservas em ouro?

Precisamente com o objetivo de abrir o comércio, em 1944 os EUA organizaram uma convocação internacional em Bretton Woods (New Hampshire, EUA) com a principal pauta de estabelecer uma nova ordem econômica mundial. Como resultado do acordo, as transações internacionais deviam ser feitas em uma moeda estável como o dólar americano e o resto das moedas nacionais ficariam atreladas a ele. Para isso, os EUA se comprometeriam a manter tal estabilidade, segurando o preço do dólar a 35 dólares por onça de ouro. Com isso era permitido trocar dólares por ouro, desde que não fossem empresas ou cidadãos. O acordo de Bretton Woods também deu origem ao Fundo Monetário Internacional, criado fundamente para oferecer financiamento a países emergentes ou deficitários.

O DINHEIRO

A ruptura de Bretton Woods

Para frear a expansão da influência comunista da URSS em Ásia, os EUA resolveram lutar contra a reunificação do Vietnã sob um governo comunista. Assim, em 1955 os EUA entraram na chamada guerra do Vietnã (1955-1975). Após saírem vitoriosos da Segunda Guerra Mundial, e ainda terem sido os protagonistas, os EUA acreditavam que o conflito vietnamita seria resolvido rapidamente, mas não foi o caso. O orçamento militar teve que ser aumentado várias vezes e isso levou aos EUA a imprimir milhares de milhões de dólares sem respaldo em ouro e a enviá-los para o exterior para financiar a guerra. Enquanto isso, durante os anos posteriores ao acordo de Bretton Woods, a plena conversibilidade do dólar foi aproveitada pelos países europeus, principalmente França, para ir trocando astutamente seus dólares por ouro. Tal reclamo fez diminuir consideravelmente as reservas de ouro americanas, localizadas em Fort Knox (Kentucky, EUA).

Os EUA não podiam se permitir perder seu ouro, assim que, em agosto de 1971, Richard Nixon **suspendeu unilateralmente o acordo de Bretton Woods**, cancelando com isso a conversão de dólares por ouro. Após essa medida, o dólar se desvalorizou frente ao ouro, ou seja, o dólar desabou e, com isso, seu poder de compra. Com outras palavras, através dessa grande perda de poder aquisitivo, foi o povo americano o responsável de pagar a conta da guerra do Vietnã.

O dinheiro fiat

> "É possível deixar as pessoas satisfeitas com sua escravidão. É só bombardeá-los com quantidades infinitas de distração e propaganda." Aldous Huxley

A remoção definitiva do padrão-ouro deu entrada a uma nova era, conhecida como era do **dinheiro fiat**, da qual formamos parte ainda hoje. A remoção do padrão-ouro implica que o dinheiro que usamos atualmente é só um papel pintado, sem nenhum valor intrínseco, e que apenas tem valor porque as pessoas desconhecem todos estes acontecimentos.

Apesar de que esse assunto é bastante incómodo para nossos dirigentes e membros de bancos centrais, eles contornaram a situação apelando ao patriotismo e usando o eufemismo de dinheiro fiat ou dinheiro fiduciário, argumentando que o único atrelo da moeda seria a fé dos cidadãos no seu país e no seu governo. Entretanto, a crua realidade é que esse atrelo é mais devido à ignorância do que à fé, dado que a imensa maioria das pessoas desconhece o funcionamento do sistema monetário e financeiro.

O fato de que o dinheiro que usamos hoje em dia não tenha nenhum valor é alarmante. Se as pessoas soubessem disso, o sistema econômico mundial colapsaria em questão de horas. Mas como a maioria das pessoas estão ocupadas nas suas tarefas diárias, e também um tanto acomodadas sem se questionar o funcionamento do sistema, pois a vida que siga.

Na realidade, tudo está perfeitamente arquitetado. Os que sabem montaram um sistema para se lucrar a partir dos que não sabem ou dos que ignoram. O resto, só um pouco de tempero em forma de omissões da realidade, cortinas de fumaça, eufemismos, falácias e distração constante através da criação de falsos inimigos da sociedade, com o propósito de colocar cidadãos contra cidadãos. Nem Platão teria imaginado uma caverna tão perfeita.

A cilada do dinheiro fiat

> "Há duas maneiras de conquistar e escravizar uma nação. Uma é com a espada; a outra é com a dívida." John Adams

Quando um governo precisa de dinheiro, já seja porque não tem reservas de ouro, ou mesmo tendo porque não quer gastá-las, ele só tem duas opções:

1. Subir os impostos a seus cidadãos ou,

2. Emitir títulos de dívida, os quais teoricamente são considerados seguros, pois um governo sempre tem o monopólio da força e, portanto, a capacidade de arrecadar usando seus cidadãos, tornando-se graças a eles, um ótimo pagador.

Dessa maneira, a realidade é que todo aumento de gasto de um governo, é realmente uma conta que os cidadãos pagam, seja esta por um aumento de impostos no presente ou por um aumento de impostos no futuro para assim pagar essa dívida. Logicamente, um aumento de impostos nunca é do agrado da população, sobretudo porque ele tem efeitos imediatos e porque eles geralmente já são altos demais. Por isso, o método mais habitual hoje em dia quando os governos precisam de dinheiro é se endividar.

Entretanto, como veremos, as consequências desse endividamento é a impressão massiva de dinheiro fiat, pois criar ele não custa nada, e isso, como sabemos do capítulo I, acaba culminando em inflação quando o aumento da oferta de dinheiro não é correspondido com o aumento da sua demanda. Esta inflação implica que o povo possui um dinheiro que compra menos, o que se traduz em que a população volta a ser quem paga a conta do endividamento dos governos; só que dessa vez, ao invés de ser via aumento de impostos, será através da inflação. A inflação, traduzida numa perda de poder aquisitivo da população, é uma maneira bastante mais disfarçada de pagar a dívida dos governos.

Durante as próximas seções, trataremos de entender esse processo de emissão de dinheiro e suas consequências. Para isso, temos que compreender primeiro o que é verdadeiramente o dinheiro fiat e quais são seus formatos, como funciona o mercado interbancário e como funciona o mercado de dívida pública. Comecemos pelo primeiro.

O DINHEIRO DIGITAL

Tipos de dinheiro fiat

Antes de aprofundar nas falhas do sistema econômico contemporâneo, as quais têm a ver com o "como" e o "por que", devemos antes entender detalhes sobre os **tipos de dinheiro fiat**, que fazem referência ao "que", o "onde" e "por quem".

O sistema bancário atual usa dois tipos de dinheiro fiat:

1. O dinheiro em formato físico, seja em moeda ou em notas de papel, o qual é criado apenas pelo banco central.

2. O dinheiro em formato digital em contas bancárias, o qual é criado pelos bancos privados e também pelo banco central.

Ambas as formas de dinheiro são equivalentes no sentido em que, teoricamente, há plena conversibilidade entre eles. Embora isso, do ponto de vista prático, é impossível porque, como veremos, existe bastante mais dinheiro em formato digital do que em formato físico, e sendo assim, caso uma massa crítica de pessoas acuda ao banco para retirar seu dinheiro em forma de notas físicas, não haveria suficiente para todos.

O dinheiro digital

Durante estas últimas décadas, e aproveitando o rápido avanço dos computadores a partir da segunda metade do século XX, e a posterior inovação da comunicação entre eles através da internet, o sistema bancário também se modernizou rapidamente. Tudo dentro de um contexto histórico no qual o dinheiro tem se transformado em algo cada vez mais imaterial e, portanto, em algo cada vez mais fácil de transportar ou de trocar.

A partir do capítulo II e até o capítulo presente, estudamos uma breve história do dinheiro. Vimos como o escambo foi se transformando em trocas baseadas em metais preciosos. Posteriormente, os metais preciosos foram se transformando em leves notas de papel equivalentes. Finalmente, hoje em dia, graças aos computadores e a internet, o dinheiro perdeu toda sua materialidade para se tornar apenas dígitos dentro de uma conta bancária, ou seja, **dinheiro digital**.

Neste ambiente, e forçados, como sempre, pelas necessidades do mercado, os bancos desenvolveram um entorno amigável e fácil de usar, chamado *online banking*, graças ao qual os usuários podem movimentar seu dinheiro digitalmente com poucos cliques de mouse ou ainda transferi-lo internacionalmente usando uma rede interna de mensageria chamada SWIFT (*Society for Worldwide Interbank Financial Telecommunications*).

Entretanto, do mesmo jeito que para usar a informação de uma rede social particular o usuário precisa acessá-la, pois é nessa rede social onde se encontram todos seus dados (perfil, fotos, contatos, publicações, ...), os usuários da *online banking* precisam ir até sua agência, seja física ou virtualmente através de internet, sem o qual resulta impossível gerenciar o dinheiro.

O fato de ser o usuário quem dependa da agência e não a agência quem dependa do usuário, cria, porém, um ambiente de incentivos errados, vulnerável também a falhas sistêmicas devido à centralização da informação. O próprio fato de que o dinheiro do usuário esteja na agência bancária e não sob a custódia do próprio usuário, cria um grande incentivo para que estas usem o dinheiro do mesmo sem seu consentimento. Curiosamente, como veremos, é precisamente isso o que acontece.

Além do anterior, o sistema SWIFT para transferências internacionais foi gradualmente monopolizado pelos EUA, quem acabou barrando transações financeiras para países como Cuba ou Irã, com os quais não mantém boa relação. Estas proibições afetam a estes governos um tanto conflitivos, mas sobre tudo afetam a seus cidadãos, os quais não devem ser culpados pelas polêmicas decisões de seus governantes.

Por estas razões, e por outras que veremos mais na frente os usuários precisam de um sistema alternativo livre de intermediários. Um sistema diferente no qual eles sejam sujeitos e não mais objetos. Um sistema onde o usuário seja o único e exclusivo detentor e gestor de seu patrimônio.

A base monetária e seus agregados

Já que tanto os bancos centrais quanto os bancos privados podem criar dinheiro digital do nada, os bancos centrais precisam estabelecer algum método que contabilize quanto dinheiro há na economia e em que estado ele se encontra. Aqui é onde entram os chamados **agregados monetários**.

O dinheiro é habitualmente classificado dependendo de se são obrigações do banco central (chamado de M0 e MB) ou se são obrigações dos bancos privados (chamados de M1, M2 e M3), os quais ordenam-se respectivamente em função da sua liquidez.

Considera-se **M0** como o dinheiro físico (notas e moedas) criado pelo banco central, que está em circulação, ou seja, fora das arcas do próprio banco central e do resto dos bancos.

Considera-se **MB**, chamada de base monetária ou *Monetary Base*, como o agregado de M0 junto com o resto de dinheiro físico que está guardado em cofres e que, portanto, não está em circulação. Também dentro de MB incluem-se as reservas bancárias, ou seja, o dinheiro em formato digital que as instituições bancárias possuem nas contas de reserva dentro do banco central. Tanto a base M0 quanto o agregado MB são passivos no balanço do banco central, daí o sobrenome de "obrigações do banco central".

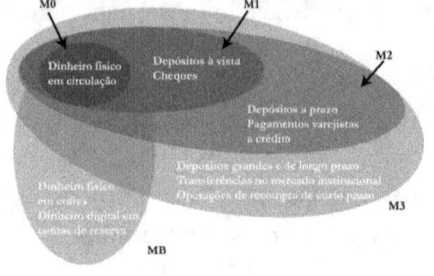

Além da base monetária MB e o M0, os bancos privados podem expandir a quantidade de dinheiro na economia ofertando crédito. Aqui é onde entram os agregados M1, M2 e M3. O agregado **M1** seria o MB, excluindo o dinheiro físico e o dinheiro digital em posse do banco central, e incluindo os depósitos à vista e os cheques. Ou seja, o M1 seria o dinheiro tanto físico (o M0) quanto digital que está em circulação e, portanto, disponível para ser gasto, ou dito de outra maneira, dinheiro de grande liquidez. Já o **M2** seria o M1 incluindo o dinheiro menos disponível como, por exemplo, os depósitos à prazo. E o **M3** seria o M2 incluindo os depósitos a longo prazo e outros tipos de ativos de menor liquidez.

O MERCADO INTERBANCÁRIO

Mecanismos de regulação da massa monetária

Agora sim, uma vez que temos entendido o "que", podemos proceder a entender o "como". Tal como já foi mencionado no capítulo I, os governos terceirizaram a emissão de moeda para os bancos centrais, os quais dispõem de três mecanismos convencionais para regular a quantidade de dinheiro na economia e um quarto mecanismo, digamos, não convencional. Estes são:

1. A fração de depósitos compulsórios.
2. A taxa de juros de desconto.
3. As operações de mercado aberto.
4. O relaxamento quantitativo.

Nesta seção estudaremos o primeiro e o segundo mecanismo. O terceiro e o quarto serão nas próximas seções, depois de ter entendido o mercado de dívida pública.

Além disso, por outro lado, os bancos privados também podem criar dinheiro em formato digital, a partir de crédito. Entendamos primeiro o funcionamento dos bancos privados e, posteriormente, a atuação do banco central através dos mecanismos supracitados.

Reserva fracionária e expansão creditícia

> "O banco beneficia-se através de juros sobre todo o dinheiro que ele cria do nada." William Paterson, fundador do Banco da Inglaterra.

Efetivamente, os bancos privados se lucram gerando crédito através de um mecanismo chamado **reserva fracionária**, o qual podemos explicar com o exemplo a seguir.

Suponha um sujeito A que deposita 10000 R$ de dinheiro físico na sua agência bancária, chamemos agenA. Dita agência, então, credita esses 10000 R$ digitalmente na conta bancária de A. Ao fazê-lo, a agência bancária transformou o dinheiro físico, dinheiro de banco central, em dinheiro digital. Agora, desse dinheiro, a agenA deve guardar compulsoriamente 2000 R$ (um 20% do depósito), mas poderá emprestar o restante. Desta maneira, se um sujeito B pede um empréstimo na agenA, esta pode emprestar para ele até 8000 R$ do dinheiro que era do sujeito A. Para isso, credita a conta bancária de B com 8000 R$ em formato digital. O sujeito B pode agora sacar fisicamente esses 8000 R$ da agenA e depositar na sua própria agência, chamemos agenB, a qual credita esses 8000 R$ em formato digital na conta bancária de B. Agora a agenB poderia por sua vez manter compulsoriamente um 20% desse depósito, 1600 R$, mas poderá emprestar o restante (6400 R$), e assim sucessivamente.

Mediante este mecanismo, os bancos fornecem crédito, ou seja, criam novo dinheiro, dinheiro digital, a partir de dívida. Resumindo, a partir dos 10000 R$ iniciais de dinheiro físico, tem se criado mais 8000 R$ de novo dinheiro (o dinheiro que o sujeito B toma emprestado), além de uma dívida de 8000 R$ (o dinheiro que o esse mesmo sujeito deve ao banco). Logo, desta maneira, aumentou-se a quantidade de dinheiro (10000 R$ + 8000 R$ = 18000 R$) a partir do depósito inicial e a partir de dívida (-8000 R$).

Observe como o sistema de reserva fracionária presenta no mínimo dois graves problemas:

- O dinheiro depositado pelos usuários não fica à sua disposição. Ao contrário, esse dinheiro foi usado para gerar mais dinheiro a partir de dívida, pois é assim, gerando dívida, como os bancos lucram. Dito de outro modo, se todas as pessoas fossem na sua agência bancária para retirar seus depósitos em dinheiro físico os bancos não teriam esse dinheiro. Contudo, a probabilidade disso acontecer é relativamente pequena, até porque as pessoas confiam cegamente nos bancos supondo que seu dinheiro estará sempre aí para quando precisarem.

- Se quase todo o dinheiro do sujeito A (o 80%) pode estar em posse do sujeito B, e por sua vez, quase todo o dinheiro de B (o 80%) pode estar em posse de um sujeito C e assim em diante até um sujeito, digamos, Z, se numa piora das condições econômicas algumas dessas pessoas se tornassem inadimplentes, dando calote na sua dívida, essa falha produziria um efeito dominó com consequências imprevisíveis. Esta eventualidade, por outro lado, é típica de sistemas complexos como o sistema bancário, pois todos os bancos estão em maior ou menor medida interconectados entre si.

Como vemos, a reserva fracionária é uma grande pirâmide financeira legalizada e aceitada, sendo os bancos os principais beneficiados, pois como eles se lucram ofertando crédito, o incentivo para emprestar se torna enorme.

Observe-se que o sistema de reserva fracionária depende de um depósito inicial de algum cliente, pois sem este não poderia se gerar crédito. Entretanto, tal condição inicial está sendo gradualmente relaxada em muitos países para facilitar mais ainda o acesso ao crédito. Hoje em dia, de fato, os bancos podem criar crédito do nada simplesmente avaliando a capacidade dos clientes de ressarcirem a dívida. O sistema financeiro depende realmente da concessão de crédito e, por isso, contínuos programas de **expansão creditícia** são levados a cabo com tal propósito.

Depósitos compulsórios

Para diminuir a exposição ao risco de colapso, provocado por estes mecanismos de alavancagem e de facilitamento excessivo do crédito, os bancos estão obrigados a guardar uma certa porcentagem dos depósitos de seus clientes em formato digital dentro de uma conta que eles possuem no banco central (a conta de reservas), ou, em parte, dentro de algum cofre contendo dinheiro em espécie. Essa quantidade de dinheiro guardado como reservas é o que se conhece como **depósitos compulsórios**, cuja porcentagem depende das diretrizes particulares de cada banco central. Cada país mantém, de fato, uma fração de depósitos compulsórios. No Brasil, atualmente esta fração é aproximadamente 20% para os depósitos à vista, curiosamente a menor dos últimos anos. Já nos EUA a fração de compulsórios está ao redor de 10%, mas na Europa é apenas de 1%.

Como explicamos no começo desta seção, a fração de depósitos compulsórios é o primeiro mecanismo que um banco central possui para regular a quantidade de dinheiro circulante na economia. Se a inflação é alta, o banco central intervém para subir essa fração. Com isso, os bancos são forçados a guardar mais dinheiro dos clientes, removendo assim dinheiro e crédito da economia, o que potencialmente provoca deflação. Já se a inflação é baixa, o banco central diminui essa fração, incentivando aos bancos a sacar reservas e movimentar o dinheiro através da concessão de empréstimos, o que potencialmente gera inflação.

O mercado interbancário e a taxa de juros básica da economia (SELIC)

Para evitar que a conta que cada banco possui no banco central, a conta de reservas, esteja por baixo do compulsório, os bancos podem pedir dinheiro emprestado ao banco central, mas os juros desse empréstimo, regidos pela taxa de juros de desconto, são desestimulantes. Isso é feito com o propósito de que os bancos, ao invés de acudir ao banco central, sejam forçados a se ajudarem entre si, prestando-se dinheiro mutuamente dentro do que se conhece como **mercado interbancário**. Desta maneira, se no final do dia um banco A precisa de dinheiro para ajustar sua conta de reservas ao compulsório então ele solicita dinheiro a um banco B e, em troca, lhe entrega algum tipo de colateral, tipicamente um título de dívida pública do governo. Já no dia seguinte, o banco A liquida o empréstimo, além dos juros, e o banco B devolve o colateral. Esses juros cobrados, conhecidos como **taxa de juros básica** da economia ou, no Brasil, taxa SELIC (Sistema Especial de LIquidação e Custódia), são de importância capital para um país, pois a taxa de juros básica atua como baliza, limitando por baixo o resto de juros da economia nacional.

Antes de continuarmos, observe-se um importante detalhe:

os bancos precisam ter títulos de dívida no seu balanço, pois do contrário não teriam nenhum colateral para pedir dinheiro emprestado em caso de necessidade.

A taxa de juros de desconto

Quando os bancos precisam então de liquidez eles acodem ao mercado interbancário, regido pela taxa de juros básica. Entretanto, eles também podem acudir ao próprio banco central, quem empresta a uns juros regidos pela chamada **taxa de juros de desconto**, a qual é propositalmente maior para desincentivar tal contato direto com o banco central.

Sendo mais rigorosos, a taxa de juros de desconto é, na verdade, uma janela de juros, dentro da qual, instituições financeiras privadas são avaliadas e separadas em 3 classes em função do risco. Em condições econômicas estáveis, o normal é que ditas instituições procurem liquidez no mercado interbancário. Entretanto, em condições de estresse econômico, caso a demanda por liquidez seja recusada nesse mercado, essas instituições podem acudir ao banco central, o qual ainda pode oferecer facilidades na devolução do empréstimo, estendendo o período de apenas uma noite, para 15, 30 ou mais dias. Foi precisamente isso o que aconteceu com a falência de *Lehman Brothers* durante a crise das *subprimes*, quando os empréstimos por essa via direta com a Reserva Federal dispararam e estes tiveram que ampliar a janela de vencimento para 90 dias.

O preço do dinheiro

Quando os bancos comerciais trocam dinheiro entre eles no mercado interbancário pode acontecer que haja ou não liquidez. Por exemplo, se a demanda de um banco por dinheiro é suprida por uma grande oferta de bancos prestadores, a taxa básica de juros naturalmente tenderá a cair. Já se um banco demanda dinheiro, porém a oferta de prestadores é baixa, a taxa básica tenderá a subir. Desta maneira, as próprias forças da oferta e da demanda regulam automaticamente o valor da taxa básica, a qual fundamentalmente estipula **o preço do dinheiro** na camada base do mercado financeiro.

Entretanto, a taxa de juros básica é monitorada e regulada artificialmente pelo banco central através das chamadas operações de mercado aberto, durante as quais ele compra ou vende títulos de dívida pública com o intuito de regular o tamanho da base monetária. Este é o terceiro mecanismo de intervenção do banco central, do qual falávamos no começo desta seção; também é o mais importante. Entretanto, para entender este mecanismo, é necessário antes compreender o mercado de dívida pública.

O MERCADO DE DÍVIDA PÚBLICA

Títulos de dívida pública no mercado primário

Todos os países estão endividados em maior ou menor medida. Uma dívida que não para de crescer. A arrecadação através de impostos tornou-se de fato insuficiente para os governos cobrirem suas despesas e sendo assim, dada essa conjuntura, só resta uma saída: pedir emprestado emitindo **títulos de dívida pública**.

Dependendo do país os títulos de dívida podem ser de meses, de 1 ano, ou de vários anos, até o máximo de 10. No entanto, no seu imparável frenesi por liquidez alguns governos já emitem dívida a 30, a 50 ou, como é o caso da Argentina, até a 100 anos.

Quando um governo precisa de dinheiro, o departamento do Tesouro organiza um leilão. Neste **mercado primário** os títulos de dívida são adquiridos por bancos de investimento, também chamados de *dealers* primários. No leilão, o preço destes títulos, como qualquer outro ativo, está submetido à lei da oferta e da demanda. O leilão é preparado através da técnica de *book building*. Para isso, o Tesouro entra em contato com os *dealers* primários e consulta a demanda deles por títulos.

Entendamos melhor como funcionam o preço dos títulos de dívida e seus juros. Suponha que um governo oferte um título de dívida de 1 ano de duração. Neste caso, o interessado empresta para o governo, suponhamos, 100 R$, e na data de vencimento, 1 ano depois, o governo lhe devolve 110 R$, que é o chamado preço de face. Neste caso, os juros associados ao título serão de 10%:

(Preço_face - Preço_título)/Preço_título = 110 R$ - 100 R$ / 100 R$ = 0,1 = 10%

Se um governo precisa urgentemente de capital, o

departamento do Tesouro ofertará títulos de dívida a uns juros determinados e os leiloará no mercado primário. Porém, se o mercado não demandar esses títulos, o Tesouro terá que subir o preço de face, o que gerará um maior rendimento para o comprador. Já em caso contrário, caso um governo não precise urgentemente de capital, ele pode baixar o preço de face, o que gerará um rendimento menor.

Juros maiores são, evidentemente, mais suculentos para todo investidor. Contudo, se são altos é porque também implicam maior risco, dentre eles risco de calote ou risco de receber um dinheiro mais desvalorizado no futuro, ou seja, um dinheiro, na moeda local, que compra menos devido à inflação. É por isso que alguns governos, o Brasil incluído, emitem os chamados títulos de dívida pre-fixados, os quais já descontam perdas inflacionárias.

Títulos de dívida pública no mercado secundário

Uma vez que os *dealers* primários adquirem os títulos de dívida pública, estes podem posteriormente serem negociados no chamado **mercado secundário**. O preço dos títulos no mercado secundário, como tudo, também está submetido à lei da oferta e da demanda. É precisamente deste mercado de onde os *dealers* primários obtém a informação do preço, com a qual negociarão no leilão organizado pelo Tesouro. Isso quer dizer que o financiamento de um governo, supostamente, não depende do que eles estejam dispostos a receber e sim do que o mercado estiver disposto a oferecer.

Uma vez que esse título é adquirido e posteriormente

negociado no mercado secundário, seu juro pode mudar atendendo também à lei da oferta e da demanda. Suponhamos que por alguma razão, o portador do título tenha visto que outro país oferece outros títulos com maior rendimento. Neste caso, o portador daquele título comprado por 100 R$, dada a melhora fiscal do país, o vende, suponhamos, por 105 R$. Desta maneira, se alguém comprar este título, seu preço terá aumentado, pois subiu de 100 R$ para 105 R$, mas seu juro, terá diminuído, pois haverá passado de 10% para 5%.

Desta maneira, no momento de negociar os títulos no mercado de dívida, existe uma relação inversa entre seu preço e seus juros: se o preço de um título sobe, por ser mais demandado e/ou menos ofertado, então seu juro baixa. E ao contrário, se o preço de um título cai, por ser menos demandado e/ou mais ofertado, então seu juro sobe.

Juro curto e juro longo

Quando são determinados pelo mercado, os juros dos títulos de dívida pública dos governos se comportam como um termômetro da saúde fiscal de um país. Se um país se financia a juros baixos isso significa que está saudável. Se um país se financia a juros altos isso significa que está doente.

Contudo, para ter um diagnóstico mais correto do paciente, ao invés de analisar os juros de um título de dívida a um vencimento específico, o mais conveniente é analisar todos os títulos de dívida a diferentes vencimentos. Eis o que se conhece como curva de juros. Isto é, o juro de cada título frente a seu tempo de vencimento.

De maneira natural, deveria acontecer que o juro associado

a um título fosse maior quanto mais longo for sua data de vencimento, pois emprestar dinheiro sempre supõe um risco, risco o qual cresce com o aumento do tempo de exposição ao mesmo.

Por exemplo, pode acontecer que o chamado juro curto (nos títulos de até 1 ou 2 anos) seja alto, mas o chamado juro longo (a partir de 10 anos) seja baixo. Isso indicaria que o país está passando por dificuldades de financiamento a curto prazo, mas vislumbra um futuro esperançoso. Continuando com esta analogia clínica, nesse caso é como se o paciente tivesse adoecido, precise de uma operação urgente de baixo risco, mas uma vez operado sua vida será saudável.

Já ao contrário, pode acontecer que o juro curto seja baixo, mas o juro longo seja extremamente alto (pois como foi dito é lógico que ele seja naturalmente mais alto). Neste caso é como se o paciente estivesse saudável no presente, mas ele tivesse uma doença crônica que lhe acarretará problemas futuros.

Essa seria a lógica por trás dos juros dos títulos de dívida. Contudo, ao se tratar de um mercado intervindo, a curva de juros pode resultar ocasionalmente atípica e não refletir completamente a verdadeira saúde de uma nação.

Um banco central atua normalmente no lado curto da curva e, não tão habitualmente, também no lado longo. Entretanto, o poder de intervenção de um banco central na curva de juros não é total, se não que está limitado pela confiança do mercado no país e na moeda. Quando a moeda é altamente demandada, como pode ser o dólar, o banco central pode se permitir uma maior intromissão. Entretanto, maiores intervenções podem ser mal vistas pelo mercado, em cujo caso, o banco central terá que recuar ou ser mais meticuloso nas suas ações, pois do contrário seu governo acabaria pagando mais pela sua dívida.

Ignorância, exuberância, satisfação imediata e incentivos errados

"A primeira lei da Economia é a escassez. A primeira lei da política é ignorar a primeira lei da Economia." Thomas Sowell

Este pequeno grande detalhe, relativo ao significado dos juros da dívida pública, que certamente a maioria das pessoas não sabe, é aproveitado com frequência por nossos políticos, pois eles terão um grande incentivo em gastar dinheiro no presente, para assim oferecer felicidade em troca de votos. De fato, quem não deseja dispor de um monte de serviços públicos, mesmo sendo de duvidosa qualidade? Na realidade, este seria um lindo presente para o cidadão, mas em detrimento de um negro futuro para seus filhos.

Este grande incentivo que os governos têm para gastar e gerar felicidade no presente, tipicamente perto das eleições, é ainda reforçado por outro incentivo que é deixar as contas públicas o mais perto possível da falência, sobre tudo se o governo de turno acreditar que perderá as eleições para o partido da oposição. Logo, quando esse outro partido entrar no poder, ele ficará com a batata quente de se encontrar o caixa zerado no presente e os juros para se financiar nas nuvens e desta maneira, certamente, terá chances mínimas de encaixar a economia, e altas de perder as próximas eleições para os mesmos partidos políticos que causaram o estrago econômico inicial. Como vemos, governos não possuem nenhum incentivo para ter controle fiscal e sendo assim, a economia de um país tende impreterivelmente ao desastre.

O capitalismo de livre mercado não existe

"Os mercados de capitais não são mais mercados livres. Eles sofrem intervenção constante dos bancos centrais e dos governos." Ray Dalio

Pelo descrito anteriormente, o leitor poderia ser levado a acreditar que o mercado interbancário e o mercado de dívida são mercados livres, mas não, não o são. Isto parece um detalhe insignificante, porém trata-se provavelmente do maior problema do sistema monetário e bancário contemporâneo.

Como acabamos de ver, os juros da dívida de um país dão ideia de sua saúde. Se um país estiver exercendo políticas fiscais certas, muitos investidores irão demandar seus títulos. Isso faria o preço do título subir, e portanto, seu juro associado cair. Ou seja, um governo com expectativas de melhora pagaria pouco por sua dívida. Já ao contrário, se um país estiver exercendo políticas fiscais erradas, os investidores recusariam seus títulos, o que faria seu preço cair, e com isso, seu juro associado subir. Ou seja, um governo que enferma teria que pagar mais por sua dívida.

Desta maneira, pelas forças do livre mercado, os governos teriam um forte incentivo a cuidar de suas contas públicas, pois se não o fizerem, seriam castigados pelo próprio mercado, tendo que pagar mais por sua dívida. Infelizmente, como veremos, isso não acontece porque governos sempre podem ser resgatados por seu banco central e sendo assim eles não possuem nenhum incentivo em se preocupar por suas finanças.

Muitos ainda criticam ao capitalismo e ao livre mercado de todos os males da sociedade. O fazem desde sua mais profunda ignorância, desconhecendo como funciona o sistema monetário e o bancário. Não, hoje em dia não existe nem capitalismo, nem livre mercado. Os destruiram. Se existissem, os incentivos estariam no lugar certo e tudo seria diferente; governos teriam a pele em risco e seriam responsabilizados pelos seus erros.

Na próxima seção entenderemos por que isto é assim. Compreenderemos de fato por que, e como, os bancos centrais protegem seus governos. Esta é a peça que falta no escuro quebra-cabeças econômico, a qual está relacionada justamente com os mecanismos que faltam por estudar sobre como o banco central regula a oferta de dinheiro: as operações de mercado aberto e o relaxamento quantitativo.

A MONETIZAÇÃO DA DÍVIDA

Os efeitos da taxa básica

Como foi analisado na seção anterior, dentro do mercado

interbancário emerge a taxa de juros básica da economia, a chamada taxa SELIC no caso do Brasil, a qual marca o preço do dinheiro. Como também foi estudado, esta taxa pode se mover para cima ou para baixo naturalmente em função da oferta e da demanda por crédito interbancário.

Entretanto, o banco central tem a capacidade de manipular dita taxa para controlar a meta de inflação, objetivo de todo governo (lembre-se do capítulo I). É importante salientar novamente que a taxa básica é a taxa de juros mais importante da economia, pois se esta sobe, ela puxa para cima todo tipo de juros privados e, ao contrário, quando baixa oferece espaço também para quedas do crédito privado. Ou seja, uma taxa básica alta vai produzir um encarecimento da circulação do dinheiro, e isso freia a atividade econômica, produzindo forças deflacionárias. E ao contrário, uma taxa básica baixa vai produzir um barateamento da circulação do dinheiro, e isso aumenta a atividade econômica, produzindo forças inflacionárias.

Entendamos então como o banco central influencia esta taxa.

Operações de mercado aberto

Um banco central consulta diariamente qual é a taxa de juros à qual os bancos comerciais se emprestam dinheiro. Com essa informação ele levanta a média e estima se a taxa está dentro ou não da projeção anual. Se estiver dentro da projeção nenhuma medida é tomada, mas caso a taxa se desloque para cima ou para baixo da projeção o banco central realiza as chamadas **operações de mercado aberto**.

Estas operações consistem em participar no mercado secundário com o intuito de comprar ou vender títulos de dívida de curto prazo. Se a taxa básica estiver por cima da projeção, o banco central compra títulos. Ao fazer isso, o banco central credita o valor do preço do título, em formato digital, na conta de reservas que o banco vendedor do título possui dentro do próprio banco central. Ou seja, o banco central comprou um título através de dinheiro que ele criou do nada, ficando à disposição desse banco para ele usar à vontade. Se muitos títulos forem comprados da mesma maneira, se produzirá um aumento de liquidez nos bancos privados, que agora disporão de mais dinheiro para se emprestarem entre si. Isso fará aumentar os ofertantes de crédito interbancário, produzindo o efeito de baixar a taxa básica.

Já ao contrário, se a taxa básica estiver por baixo da projeção, o banco central vende títulos de dívida. Quando algum banco particular comprador surge, o banco central deleta digitalmente o preço do título da conta de reservas que este banco possui no banco central. Desta maneira, este banco terá menos capital em troca desse ativo. Se muitos bancos privados comprarem títulos da mesma maneira, o efeito geral é uma diminuição da sua liquidez, isto é, uma diminuição da oferta de crédito interbancário, o que provoca um aumento da taxa de juros básica da economia.

A monetização da dívida

> "Sou um homem infeliz. Involuntariamente destruí meu país. Uma grande nação industrial está agora controlada pelo seu sistema de crédito."
> Woodrow Wilson

Agora que sabemos como um banco central intervém na economia, podemos juntar as peças do quebra cabeça. Resumidamente, quando um governo deseja dinheiro, e pelos motivos que vimos sempre deseja, ele emite títulos de dívida que são comprados pelos bancos de investimento, posteriormente recomprados por outros bancos privados e finalmente adquiridos pelo banco central no mercado secundário. Logo, um governo suga o dinheiro que os bancos possuem nos seus balanços, o que faz aumentar a taxa básica de juros, e o banco central, para evitar dita subida natural, cria dinheiro do nada e recapitaliza os bancos comprando seus títulos de dívida. Resumindo mais ainda, um governo, através de seu banco central, está criando dinheiro em troca de dívida. Ou seja, os bancos centrais estão **monetizando a dívida**.

A monetização da dívida é a dramática consequência da remoção do padrão-ouro. Antigamente, a riqueza do povo era o ouro que eles tinham. Isto é assim porque o ouro não é passivo, ou dívida, de ninguém. Entretanto, com a ascensão do poder centralizado dos governos, estes tiraram a riqueza das pessoas, o ouro, e deram em troca um dinheiro fiat, um ativo, sem valor algum, e que apenas existe graças a que outra pessoa contraiu uma dívida, um passivo. Ou seja, uma nota qualquer de 50 R$ em pose de alguém é na realidade a dívida, por um valor de -50 R$, de outra pessoa. E sendo assim, monetizar a dívida não gera nenhuma riqueza para a sociedade em termos absolutos.

O significado de monetizar a dívida

"Está claro que as pessoas não conhecem como funciona o sistema monetário nem o sistema bancário porque se soubessem haveria uma revolução antes de amanhã cedo." Henry Ford

Desse ponto de vista, pode parecer que ativos se cancelam com passivos de maneira que não existe dívida. O detalhe que falta é que nessa conta temos que incluir os juros gerados pela dívida. Em qualquer caso, juntando essa dívida com os juros que ela gera temos uma conta que nunca poderá ser amortizada porque não há riqueza que a pague.

A triste realidade é que, como estão protegidos pelos bancos centrais da contundência do mercado e estes, por sua vez, estão protegidos pela inocência dos cidadãos, os quais claramente ignoram que são eles os únicos e exclusivos detentores da dívida, os governos não possuem nenhum incentivo em cuidar das contas públicas. E sendo assim, a dívida nacional da grande maioria dos países não para de aumentar.

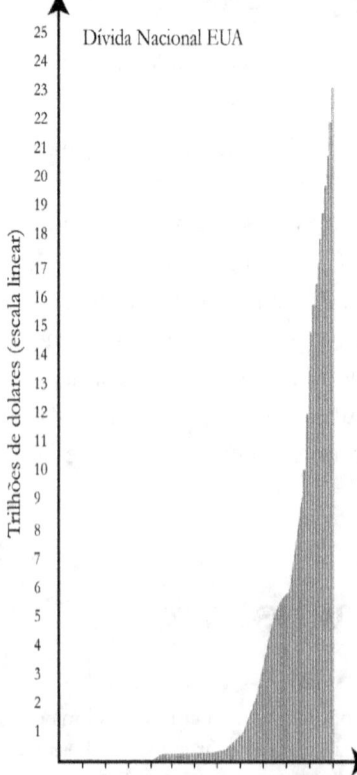

Como exemplo, mostra-se o aumento desgovernado da dívida do líder econômico mundial: os EUA. Observe-se como a dívida americana se dispara totalmente fora de controle desde a remoção do padrão-ouro em 1971.

Merece a pena refletir sobre o que significa a dívida. Quando uma dívida privada é contraída, o cidadão é ciente de que, através do contrato assinado, ele mesmo, e não outro, é quem se compromete a devolver tal quantia numa data futura ou através de parcelas ao longo do tempo. Entretanto, quando a dívida é pública, quem assina o contrato é o governo, mas quem paga não é ele e sim o cidadão. Efetivamente, quando um governo se endivida, ele estaria assinando um compromisso para que o próximo presidente, e não o atual, explore seus cidadãos através de um aumento de impostos. Em outras palavras, os próprios cidadãos, ao votar naquele partido político encantador que oferece a maior quantidade de serviços públicos, estariam assinando um contrato, do qual não leram a letra pequena, que lhes obriga, a eles ou a seus filhos, a ter que pagar mais impostos no futuro.

Entretanto, já que para pagar mais impostos os cidadãos terão que trabalhar mais, quando o banco central monetiza a dívida dos governos, o que realmente está se monetizando não é o dinheiro, pois ele não vale nada, senão a força de trabalho de seus cidadãos, ou seja, o próprio tempo dos futuros trabalhadores. A moeda que usamos, portanto, realmente representa o compromisso de que alguém, neste caso nossos jovens, trabalhem redobrado no futuro para amortizar as dívidas contraídas que estão pagando nosso bem-estar presente. Ou dito de outra maneira, nosso bem-estar presente está assassinando o bem-estar futuro de nossos filhos.

O rolamento da dívida e seus efeitos

"Os bancos centrais apenas podem inflacionar (a base monetária) ou morrer." Mario Innecco

Dado o tamanho da dívida, uma pergunta cabível deveria ser: como é que o sistema inteiro ainda não colapsou?

Quando a pergunta é feita dessa maneira parece que a dívida é o problema. A dívida é mesmo um problema. Entretanto, como os incentivos econômicos estão virados de ponta-cabeça, a dívida passou de ser o problema a ser a solução. Em outras palavras, se o sistema ainda não colapsou foi graças a que dívida não parou de aumentar, pois contrair o tamanho da dívida significaria que está sendo paga, mas é impossível pagar algo para o que não há riqueza suficiente. E já que é impossível ressarci-la o mais adequado política e fiscalmente é **rolar a dívida** para frente. Ou seja, continuar monetizando a dívida, criando mais a partir da anterior. Ou dito de outro modo, continuar tocando a música no jogo da dança das cadeiras.

Mas até quando pode ser rolada a dívida? A criação de tanto dinheiro provocará uma cada vez maior perda do poder de compra da moeda. Os cidadãos perceberam isso e acabarão tomando as ruas procurando culpados. Entretanto, como a opinião dos cidadãos está controlada através da mídia pelo mesmo sistema que provoca o estrago, então estes serão automática e irracionalmente levados a culpar aos mesmos de sempre: o capitalismo, os empresários e o livre mercado, e sendo assim, nada acabará mudando.

No entanto, mais cedo ou mais tarde essa dinâmica terá que mudar, pois cada vez mais classes médias perderão um degrau, tornando-se classe baixa. Que acontecerá, de fato, quando não haja mais classe média nem baixa de onde sugar riqueza ou força de trabalho?

Ao longo da história a dinâmica sempre foi a mesma. Primeiro, surgem dirigentes fiscalmente irresponsáveis, os quais espoliam a riqueza de seus súbditos e a malgastam. Depois, quando não há mais riqueza que subtrair, sugam a força de trabalho da população, usando-a para conquistar novas terras. Essas conquistam lhes servem para espoliar a riqueza dessas novas terras colonizadas e também para sugar a força de trabalho dos colonos, seu tempo, escravizando-os. O sistema econômico contemporâneo não é muito diferente. Primeiro, tiraram toda a riqueza dos cidadãos espoliando seu ouro e como não houve mais de onde tirar, eles começaram a roubar nosso tempo, pois devido aos ciclos virtuosos forçados, o cidadão médio tem que trabalhar cada vez mais para poder comprar os mesmos produtos ou serviços, cada vez mais caros.

A palavra roubar pode parecer hiperbólica, mas é o que realmente acontece: eles ficam com nosso tempo e em troca recebemos uma moeda fiat que não vale nada. Ou seja, nosso esforço é trocado por algo que foi criado sem ele. Infelizmente, a fria realidade é que o sistema econômico contemporâneo é um sistema de escravidão moderna e este só acabará quando o ambiente seja tão opressor que os cidadãos percebam que incluso nem seu tempo é suficiente. Chegado esse momento a população escrava deverá se libertar das cadeias, a chamada moeda de curso legal, e abraçar um novo sistema de trocas voluntárias sem intermediários. Um sistema alternativo, onde os cidadãos possam realizar suas trocas livremente sem que estas sejam constantemente supervisionadas por seus capatazes.

Relaxamento quantitativo

O grande problema da dívida é que alguém ficará sem cadeira quando a música parar. Ou seja, algum banco comercial, ou banco de investimento, como aconteceu na crise das *subprimes*, ficará com os chamados ativos tóxicos: títulos de dívida inadimplentes, e portanto, ativos financeiros que perderão todo seu valor. Enquanto a música da dança das cadeiras continuar, o que equivale a rolar a dívida, está tudo bem. O problema está em que, a medida que a dívida cresce, a tensão dentro no mercado financeiro também é cada vez maior. Ou seja, cada vez restam menos cadeiras para o mesmo número de participantes.

Esse tenso cenário é, claro, detectado pelos bancos centrais, os quais precisam entrar no jogo e intervir para que a música não pare. A maneira de fazer isso financeiramente é, como vimos, forçar a taxa de juros básicos para zero. Entretanto, quando essa taxa já está em zero os bancos centrais não possuem mais ferramentas convencionais para continuar tocando a música. É aqui onde entram as chamadas ferramentas não convencionais: o chamado **relaxamento quantitativo** ou afrouxamento monetário (*quantitative easing*).

O relaxamento quantitativo consiste também em comprar títulos de dívida, igual que o que banco central faz ao levar a cabo operações de mercado aberto. A diferença está em que neste caso as compras de dívida são massivas, emergenciais e de qualquer tipo: tanto dívida pública quanto privada, incluídas, por exemplo, dívidas lastreadas em hipotecas. Outra diferença é que os títulos adquiridos pelos bancos centrais são habitualmente aqueles de vencimento maior.

O propósito do relaxamento quantitativo é basicamente emprestar a juros muito baixos, tipicamente zero, para as instituições públicas ou privadas não falirem. Ele é feito de maneira emergencial quando nem se quer uma taxa de juros básica muito baixa resolve, pois nem os bancos privados confiam em oferecer financiamento nesse tenso cenário, o qual faz elevar o valor do crédito bem por cima da taxa básica.

Essa falta de confiança ocasionalmente se reflete no mercado interbancário ou no chamado mercado de recompra, onde qualquer instituição financeira, além dos bancos comerciais, podem emprestar ou pedir emprestado dinheiro em espécie em troca de um título através dos chamados acordos de recompra. Tal tensão faz disparar eventualmente a demanda por dinheiro em espécie, provocando um aumento fora do normal das taxas de juros. Foi precisamente isso o que aconteceu recentemente em setembro de 2019 quando a chamada *repo rate*, a taxa de juros dos acordos de recompra (que normalmente segue a taxa de juros básica), pulou fora de controle desde aproximadamente 2% até quase 10% em questão de horas. Um aumento tão drástico dessa taxa de juros de recompra pode afetar a taxa de juros básicos, o qual por sua vez poderia produzir um efeito cascata de consequências inimagináveis. Essa disparada, natural devido à tensão dos mercados financeiros, foi corrigida pela Reserva Federal através de um programa de relaxamento quantitativo, injetando massivamente liquidez para assim re-encaixar a taxa de juros de recompra dentro da faixa da taxa de juros básicos.

Como vemos, o relaxamento quantitativo pode ser tomado como medida emergencial, e portanto, de caráter paliativo, mas em alguns países, os bancos centrais usam tal medida de maneira permanente, quando nem sequer um ambiente econômico de juros zero alivia as tensões. Examinando o entorno financeiro, o Brasil nunca esteve com a taxa básica de juros, a taxa SELIC, ao nível de 0%. Mas em outros lugares, como o Japão ou mesmo na União Europeia, sua taxa básica de juros, o chamado eonia, bem parecida à taxa euribor (as quais serão substituídas pelo chamado ester), já está atualmente, e desde há uns anos, em 0%. Sendo assim, dado que o banco central europeu não consegue forçar inflação nem mesmo nesse cenário de juros zero, ele não tem outra opção que aplicar relaxamento quantitativo de maneira permanente; ou seja, fazer compras massivas de dívida para segurar o colapso de instituições públicas e privadas.

OS EFEITOS DA INTERVENÇÃO NA ECONOMIA

As distorções do banco central

Como explicávamos na seção anterior, se uma instituição pública ou privada estiver protegida pelos bancos centrais, ela não tem mais então a pele em risco, o que acaba criando um sistema de incentivos errados. Além disso, se um investidor, que arrisca seu capital ao comprar um título de dívida pública ou privada, também percebe que o banco central acabará recomprando seu título para eventualmente resgatar ditas instituições, então a mensagem que o banco central manda ao mercado é clara: comprem dívida à vontade que ela tem risco zero!

E sendo assim, tendo um jogador trapaceiro na mesa, o qual sempre tem uma carta na manga, criando continuamente dinheiro do nada, sempre haverá compradores para os títulos de dívida. E como sabemos da lei da oferta e da demanda, se a oferta é fixa, mas a demanda é contínua, o preço do título irá subir, e portanto, seu juro irá cair. O efeito líquido é que, graças aos bancos centrais, que seguram a falência sistêmica, os juros dos títulos sempre tenderão a cair ao longo do tempo.

Fonte: Reserva Federal. Efetivamente, desde a remoção do padrão-ouro, os juros dos títulos de dívida a 10 anos dos principais países (Japão, EUA, Alemanha, França e Reino Unido) começaram logicamente a subir, pois deixaram de ser confiáveis. Porém, graças à confiança que os cidadãos depositaram num dinheiro que não vale nada, o dinheiro fiat, os bancos centrais estão usufruindo dessa confiança para intervir no mercado dos títulos e, com isso, reverter a tendência dos juros da dívida até os valores atuais próximos a 0%. A subida dos juros após a remoção do padrão ouro foi portanto uma maneira de evitar fugas massivas de capital para o ouro, forçando assim demanda pelo dinheiro fiat em troca de suculentos rendimentos.

A grande maioria das pessoas não dão a mínima com as políticas dos bancos centrais, até porque acreditam que isso não tem nenhum impacto no dia a dia delas, mas se enganam e muito. Revisando o que já deveríamos ter aprendido, se a taxa de juros básica é forçada a cair, isso significa que cada vez há mais dinheiro na economia, o qual significa que o dinheiro é cada vez menos escasso, e se ele é cada vez menos escasso, nosso dinheiro perde valor a cada dia. Resumindo em apenas uma frase: os bancos centrais, em conluio com os governos, destroem o poder aquisitivo das famílias. Como já vimos no capítulo I, os ativos escassos se valorizam frente ao dinheiro nesse ambiente inflacionário. E como quem detém ativos escassos são tipicamente as classes altas, esta política monetária dos bancos centrais representa uma maneira tácita de transferir riqueza dos mais pobres para os mais ricos.

Outra grande distorção associada é que, como o banco central sempre irá comprar dívida pública dos bancos privados, estes, logicamente, preferirão comprar essa dívida dos governos, dívida com risco zero, antes que emprestar aos cidadãos. O efeito dessa intervenção é o encarecimento do crédito privado, pois os bancos apenas se oferecerão a emprestar às famílias; famílias são, claro, muito mais insolventes que alguém como o banco central, capaz de criar dinheiro infinito.

Os juros negativos

Atualmente, os juros de muitos dos títulos de dívida dos países, principalmente os de curto prazo, já se encontram de fato em terreno negativo. Entendamos que significa isso voltando ao pequeno cálculo que fizemos em seções anteriores.

Lembre-se daquele investidor que comprava um título de dívida por 100 R$, com a promessa de que, depois de um ano, o governo retornaria 110 R$ ao portador desse título, rendendo portanto uns juros de 10%. Entretanto, suponhamos agora que esse investidor resolve vender esse título no mercado secundário. Então, ele se encontra com que, devido à alta demanda, consegue vender o título por 111 R$. Neste caso, fazendo a conta:

110 R$ - 111 R$ / 111 R$ = -0,009 = -0,9%

Ou seja, os juros dos títulos se tornaram negativos. E sendo assim, quando chegar a data de vencimento, ao invés de ser o governo quem tenha que pagar por pedir dinheiro emprestado, seria o próprio governo, que receberia dinheiro por emprestar dinheiro!

Efetivamente, os juros negativos são uma completa aberração do mercado e um claro sintoma de que algo está errado.

Credores de última instância

> "Para evitar o risco de fragmentação, o Banco Central Europeu vai ter que se tornar o **comprador de primeira instância** da sua própria dívida soberana." James Aitken

A pergunta imediata deve ser: por que alguém iria comprar um título de dívida que rende negativo? Que sentido tem investir se é claro que o investimento vai dar prejuízo? Os agentes econômicos estão loucos?

A resposta novamente está na intervenção dos bancos centrais. Em condições naturais, de livre mercado, os juros negativos seriam teoricamente possíveis, mas praticamente improváveis. Já nas condições artificiais atuais alguém sempre poderá comprar um título a juros negativos se tiver a certeza de que um terceiro irá recomprá-lo mais caro sem se importar com a potencial perda de dinheiro na data de vencimento do título. Este terceiro agente comprador é, novamente, o banco central; por isso também chamado, **credor de última instância** (*lender of last resort*).

Um credor de última instância significa que o banco central tem a capacidade de comprar, e de fato compra, todo quanto quiser. Inicialmente, os bancos centrais apenas compravam títulos de dívida pública. Porém, atualmente, sobre tudo depois da crise das *subprimes* em 2008, eles já estão comprando títulos de dívida corporativa, títulos de dívida lastreada em hipotecas e, no caso do Banco do Japão, até ações de empresas de capital aberto.

Evidentemente, isto é algo contranatura. Não deveria existir um credor de último recurso, até porque é impossível gerar riqueza do nada. Quando um banco central intervém na economia dessa maneira ele só estará causando um estrago em forma de bolha que quando estourar terá consequências imprevisíveis. O mercado, atuando de maneira livre, é quem melhor sabe alocar capital; nunca um banco central sob o controle de gerentes monetários em conluio com os governos.

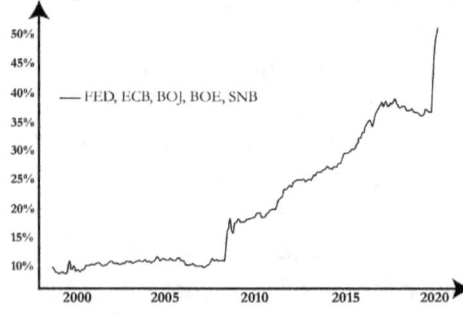

Fonte: Lohman Econometrics. A tendência dos bancos centrais a comprar cada vez mais ativos não têm limites. De fato, os principais bancos centrais do mundo, a reserva federal (FED), o banco central europeu (ECB), o banco do Japão (BOJ), o da Inglaterra (BOE) e o da Suíça (SNB), todos juntos atualmente já detêm ativos financeiros por valor de mais do 50% do produto interno bruto de seus países. Ou seja, a dívida, principalmente a dívida pública, já está engolindo o valor de mais da metade da produção anual desses países.

As consequências das massivas intervenções dos bancos centrais podem ser entendidas analisando o fenômeno conhecido como **japonificação da economia**, por ser o banco central deste país quem mais comprou ativos em todos os setores, incluindo ações da bolsa japonesa. O Japão atravessa de fato uma profunda crise econômica da qual não sai há décadas. A economia está travada, o produto interno bruto não aumenta, a dívida pública já é 230% em relação ao produto interno bruto, 300% se somar a dívida privada, uma das maiores do mundo e, como consequência, as forças deflacionarias são cada vez maiores, o que poderia agravar a crise. Infelizmente, a tendência é que todos os países, gradualmente, acabem seguindo o mesmo caminho que o Japão.

Já que a tendência dos bancos centrais é a de comprar cada vez mais dívida pública e privada, uma pregunta cabível seria a seguinte: se compram tudo, por que então eles não pagam os impostos dos cidadãos? A pergunta realmente não faz o menor sentido, pois é graças a que os cidadãos pagam impostos que um banco central pode comprar dívida. Os cidadãos são realmente os alicerces que seguram o sistema financeiro e monetário baseado nas moedas fiat. Nós somos necessários para a manutenção do sistema e para isso sempre seremos forçados a pagar impostos. O próprio pagamento de impostos é a maneira tácita de forçar demanda pela moeda, pois, como já explicamos no capítulo I, se não houvesse demanda por moeda, seu valor iria automaticamente a zero e o sistema financeiro e monetário acabariam colapsando.

Sendo mais exatos, nós cidadãos seguramos o sistema monetário e o financeiro de duas maneiras. Em primeiro lugar, e respectivamente, através do uso forçado da moeda mediante o pago de impostos no presente e através da suposição de que pagaremos mais impostos no futuro. E em segundo lugar, e respectivamente, através do consumo e aquisição de crédito usando essa moeda. É por isso que somos, e sempre seremos, forçados a pagar impostos, forçados a consumir devido à inflação e forçados a nos endividar para cair na cilada do crédito barato.

Desvalorização forçada das moedas nacionais

> "O ouro é o único dinheiro. Todo o resto é crédito." J.P. Morgan

A ideia por trás de baixar os juros é estimular o crédito, e com isso, forçar o aumento da circulação do dinheiro na economia, tornando este menos escasso e portanto de menor valor. Como sabemos, o efeito disso é criar um cenário artificial de inflação potencial, o qual acabará produzindo uma alta nos preços dos bens e serviços ou, como veremos no próximo assunto, uma alta no preço dos ativos.

Outro efeito simultâneo da queda dos juros é que a moeda fiat particular que foi deflacionada (ou inflacionada segundo a escola austríaca) perderá valor respeito à moeda fiat de outro país, no qual a taxa de juros não foi alterada. Sendo assim, a diminuição forçada dos juros de um país não só provoca uma perda do poder de compra interna nesse país, mas também externa, pois agora para estes cidadãos será relativamente mais caro comprar os bens e serviços nativos de outros países.

Esta consequência também é aproveitada por nossos dirigentes, pois logicamente, eles preferirão que seus cidadãos não comprem produtos estrangeiros porque se o fizerem será o governo desse outro país quem arrecade com os impostos dessa venda. Por isso, o mais conveniente é ter mesmo uma moeda desvalorizada porque assim os cidadãos serão forçados a comprar produtos nacionais e, sendo assim, a arrecadação ficará em casa. A compra de produtos nacionais em detrimento dos estrangeiros provocará, de fato, inflação no território nacional, o que, como sabemos do capítulo I, convém a todo governo. O aumento da demanda pelos produtos nacionais contribui, portanto, a um aumento da inflação, a qual é reforçada por uma diminuição da oferta dos mesmos no território nacional, pois ao ter uma moeda desvalorizada, as exportações aumentam, o que, por sua vez, também traz arrecadação para o governo local.

Em consequência, extrapolando, como ter uma moeda mais desvalorizada que os vizinhos comerciais convém a qualquer governo, então todos eles acabam entrando na chamada **guerra das divisas;** ou seja, uma corrida para ter a moeda minimamente mais desvalorizada que o resto. O efeito geral é que o cidadão, mediante o uso forçado da moeda, é punido em benefício de seu governo, mesmo que este não concorde com sua gestão ou com sua política fiscal.

Esta corrida por desvalorizar as moedas nacionais contribui para que outros ativos como o ouro, se valorize constantemente em termos de todas as moedas nacionais. O ouro, portanto, é o verdadeiro dinheiro, pois sua emissão não pode ser controlada por ninguém. E sendo assim, respondendo às dúvidas levantadas no final do primeiro capítulo, se queremos medir o poder de compra de uma moeda é só observar quanto ouro ela compra. E, o que o gráfico indica, é que nosso poder aquisitivo na moeda fiat nacional não para de cair.

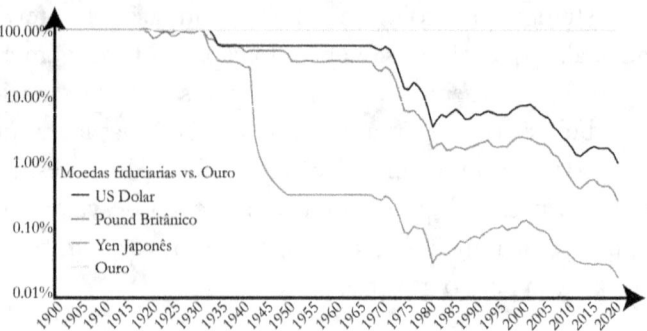

Histórico do preço do ouro. Fonte: VoimaGold.com. Agora que sabemos que, devido aos juros baixos, a quantidade de dinheiro fiat é cada maior no mercado, entendemos que a ferramenta para medir os preços dos produtos ou serviços com base a essas moedas, o IPCA, como já adiantamos no capítulo I, não é adequada porque sua escala é mudada à vontade. Por isso, ao invés de medir os preços usando uma ferramenta que depende de governos, torna-se mais conveniente usar uma ferramenta que dependa da Natureza porque ninguém poderá mudar sua escala. Essa ferramenta é o ouro e o que ela claramente indica é que nossas moedas fiat cada vez valem menos, ou, analogamente, nosso poder de compra é cada vez menor.

Inflação dos preços ou inflação dos ativos?

Até recentemente, no Brasil, quando o governo precisava de dinheiro, era solicitado diretamente ao congresso. O congresso aprovava e mandava a autorização para o banco central, o qual imprimia o dinheiro requisitado. Esta facilidade de criar dinheiro produz dramáticos eventos de inflação na década dos 80 e os 90. Por isso, no ano 2000 foi implementada a lei de responsabilidade fiscal que proibia esse contato direto entre governo e banco central. A partir desta lei, ao invés de dar dinheiro ao Tesouro de maneira direta, o banco central devia comprar, ou vender, os títulos de dívida do governo no mercado secundário tal e como temos explicado na seção anterior.

Sabendo disso, cabe então a pergunta: se antes, quando o governo interagia diretamente com o banco central gerava-se inflação, por que agora, sendo basicamente igual, só que indiretamente, não se aprecia essa inflação nos produtos e serviços do dia a dia? Por que, então, apesar da enorme dívida, o que equivale a uma enorme criação de dinheiro monetizando essa dívida, a inflação mesmo assim não é apreciável?

Este curioso fenômeno no qual a inflação não é apreciada é típico de muitos países hoje em dia. Existe, porém, uma explicação lógica para entender a onde está indo parar essa enorme quantidade de dinheiro criado.

Lembrando do capítulo I, a impressão de dinheiro produzirá potencialmente inflação dos preços de maneira artificial. No entanto, esta inflação pode aparecer nos próprios produtos e serviços consumidos diariamente ou, alternativamente, nos ativos financeiros (imóveis, metais preciosos, ações de empresas, títulos de dívida, obras de arte, ...), a maioria dos quais não entram no IPCA. Para entender este fenômeno devemos lembrar dos agregados monetários. Através deles podemos entender por que o novo dinheiro criado pelo banco central (MB), às vezes se filtra pela economia, chegando ao degrau mais baixo da pirâmide financeira, as famílias, e às vezes não.

Por exemplo, se um banco comercial possui reservas em excesso (MB), ele poderia usar esse excesso como lastro para conceder um empréstimo a uma família. Desta maneira, essa família disporia de dinheiro, o qual seria usado no seu dia a dia (M1), favorecendo uma inflação potencial caso esse efeito seja generalizado. Alternativamente, porém, esse banco poderia resolver usar parte dessas reservas para comprar um título de dívida, pois será bem mais seguro que emprestar às famílias. Sendo assim, este dinheiro é digitalmente deletado da conta de reservas pelo banco central, e não chega ao M1, o qual não irá produzir inflação nos preços dos produtos ou serviços, mas sim inflação nos títulos, que é precisamente o que está acontecendo atualmente no mercado de dívida.

Dentre estes títulos de dívida está a dívida corporativa. Já que o banco central também está cada vez mais comprando dívida corporativa, os bancos possuem um grande incentivo em comprar este tipo de dívida antes que, novamente, emprestar às famílias, o que reforça o encarecimento do crédito privado.

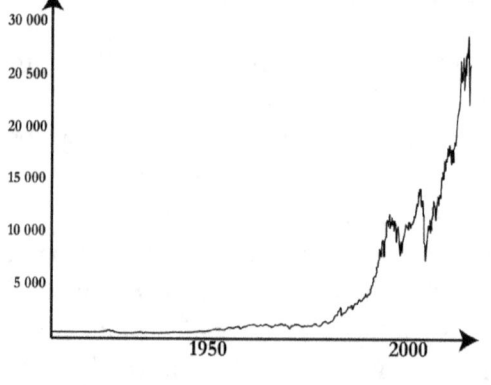

Histórico do Dow Jones. Fonte: macrotrends.net. Devido às intervenções da Reserva Federal americana os índices de bolsa, dentre eles o Dow Jones, não param de crescer.

Já que esse dinheiro não chega às famílias, os preços dos produtos e serviços no dia a dia não sobem e, portanto, as empresas não possuem incentivos em investir para melhorar sua produtividade, apesar de um ambiente favorável de juros baixos. Dado esse cenário, para as empresas de capital aberto é mais conveniente aproveitar essa dívida barata, ou ainda seu próprio lucro, para comprar suas próprias ações ao invés de investir.

Este fenômeno, chamado de **buyback**, junto com o cenário de juros ultra baixos, somado às compras cada vez maiores de dívida corporativa por parte do banco central está provocando uma enorme bolha no preço das ações.

A bolha completa

> "Governos não são apenas desnecessários, sino também danosos e imorais." Leo Tolstói

Os aqui descritos foram apenas alguns dos problemas de ter um banco central interventor em conluio com seu governo. O banco central é de fato o responsável de todas as bolhas financeiras que estamos atravessando hoje em dia, a chamada **bolha completa** (*everything bubble*):

- Bolha no mercado de dívida pública, pois o banco central sempre será o último comprador de todos os títulos.

- Bolha no mercado de dívida corporativa, pois os bancos centrais também estão comprando títulos de dívida privada com cada vez menor grau de investimento, para conter a eventual cascata de inadimplência e forçar assim a subida das bolsas; subida necessária, pois grande parte dos fundos de pensões são investidos em bolsa.

- Bolha no mercado de bolsa, devido às compras de dívida corporativa que, logicamente, aumentam o valor das ações. Também, devido à contínua queda da taxa básica de juros, a qual facilita o acesso ao crédito, que, por sua vez, permite que empresas ineficientes consigam sobreviver graças a esse crédito barato; as chamadas empresas zumbi.

- Bolha no mercado de imóveis, pois os bancos centrais

também estão comprando dívida lastreada em hipotecas.

A necessidade de um sistema livre e descentralizado

> "O povo não deveria ter medo de seus governos. São os governos quem deveriam ter medo do seu povo." V

As falhas do sistema monetário e financeiro contemporâneo são inúmeras. Descrever todas seria interminável. Em qualquer caso, acreditamos haver sido suficiente para entender por que é necessário um modelo econômico alternativo, um sistema diferente onde prime a liberdade; uma liberdade vinda da descentralização.

Para finalizar este capítulo, resumimos algumas das agressões que o poder central, seja este de um monarca ou de um governo, cometeu contra seus cidadãos ao longo da história da economia, tal e como a estudamos desde os capítulos anteriores, e ainda comete no presente:

- Perda de poder aquisitivo dos cidadãos através da diminuição da quantidade de prata na moeda.

- Proibição da cunhagem privada de moedas de ouro ou prata.

- Apropriação da cunhagem da moeda.

- Impressão de dinheiro não lastreado em ouro causando perdas de poder aquisitivo.

- Confisco do ouro dos cidadãos.

- Proibição de comprar ouro.

- Obrigação de cambiar ouro por um preço menor que o preço de mercado.

- Obrigação de usar uma moeda fiat sem valor algum.

- Proibição dos saques ou confisco dos depósitos.

- Diminuição do poder de compra dos cidadãos, forçando ciclos virtuosos através da inflação. Inflação disfarçadamente baixa nos produtos e serviços, mas enorme nos ativos financeiros, a maioria dos quais não contabilizam no IPCA. Este cenário é o que se conhece como **estagflação**: economia estagnada e inflação nos ativos, que é o cenário que estamos vivenciamos hoje em dia.

- Inflação no preço dos imóveis, tornado cada vez mais difícil o acesso a uma casa própria.

- Inflação no preço das ações, dificultando que famílias de classes médias e baixas se tornem investidores algum dia e disponham de uma renda passiva através de dividendos.

- Inflação nos títulos de dívida corporativa que provoca um oligopólio estatal, o qual desestimula o empreendedorismo, ante a impossibilidade de concorrer com empresas protegidas pelos governos.

- Impostos cada vez mais altos, para financiar governos que não possuem incentivos em cuidar das contas públicas. Impostos que distorcem completamente a cadeia produtiva, deixando sem margem de lucro a pequenos e médios empresários, os quais acabam fechando empresas. Isto provoca um ambiente de desemprego crescente e salários estagnados.

- Inflação nos títulos de dívida pública e privada, para reverter esse cenário deflacionário no mercado de consumo.

- Encarecimento do crédito privado como consequência.

- Confisco do poder aquisitivo dos cidadãos através da desvalorização da moeda nacional.

- Pobreza crescente, pois as classes baixas são espoliadas através da inflação.

- Disparidade social por causa desse cenário de inflação nos ativos financeiros.

Eis a realidade de um sistema artificialmente controlado. Um sistema que escraviza às pessoas através do uso forçado da moeda. Entretanto, mais uma vez, uma bela solução emergiu naturalmente do livre mercado. Uma solução para salvar a população de si mesma.

Capítulo V

ECONOMIA 3.0

Do dinheiro digital ao dinheiro programável

Introdução

No capítulo I definimos o significado da economia e apresentamos os conceitos básicos necessários para a compreensão dos seguintes capítulos. No capítulo II foi iniciada uma revisão histórica para entender como a atividade econômica surge de maneira natural devido às necessidades e desejos dos indivíduos. Aquela economia primigênia, chamada de economia 0.0, passou de ser algo rudimentar a criar novos meios de troca como o dinheiro sólido, a partir da cunhagem de metais preciosos. Essa inovação favoreceu as trocas voluntárias, tornando o sistema econômico mais eficiente.

Surgia com isso o que chamamos de economia 1.0, resumida no capítulo III, na qual o valor dos produtos e serviços passava a ser medido em base a seu peso em metais preciosos. Nesse contexto começaram a emergir os primeiros produtos financeiros como os certificados de depósito de metais preciosos, do qual surgiria posteriormente o papel-moeda. Tudo com o intuito de estabelecer algo difícil entre humanos: a confiança. A partir dessa inovação emergiram também as primeiras instituições centralizadas da economia: as casas de custódia e, posteriormente, os bancos.

A cada passo, o sistema econômico se converte em algo cada vez mais ágil e eficaz, pois do grande atrito associado às trocas baseadas em escambo, passava-se a usar metais preciosos e daí a usar o papel-moeda, algo ainda mais leve e ágil. Porém, nessa melhoria, o sistema econômico teve que assumir um *trade-off:* maior agilidade em troca da centralização do acesso ao dinheiro, em poder dos bancos, o que representava um ponto de fragilidade sistêmica.

Com o passar dos anos, como foi apreciado no capítulo III

e IV, novos instrumentos financeiros surgiram em resposta à demanda dos consumidores: empréstimos, títulos de dívida, ações, mercado de bolsa, mercado de dívida, dinheiro digital, ... Esta nova economia, a economia 2.0, fez com que os indivíduos se tornassem ainda mais participantes no mercado, interagindo com ele de várias possíveis maneiras; uma participação, porém, passiva, ao ter que depender do acesso a um lugar físico ou virtual para realizar tal interação.

Enquanto isso, um novo poder central começava a ser implantado em todos os países. Um poder central capaz de influenciar direta ou indiretamente tais sinapses de interação: os bancos centrais. Em simbiose com os governos, estes acabaram terceirizando a cunhagem da moeda para os bancos centrais, os quais podiam agora criar dinheiro à vontade para sustentar a dívida dos governos. Como vimos no capítulo anterior, estas contínuas intervenções têm criando a maior bolha econômica jamais vista, a chamada bolha completa, que está tensionando cada vez mais os mercados, e que desembocará provavelmente na maior crise econômica da história quando tal tensão for desatada.

A REVOLUÇÃO DO BITCOIN

A revolução do Bitcoin

> "Se ainda não estiver empolgado com o Bitcoin é porque não o entendes." Anônimo

É neste contexto econômico, especificamente durante a crise das *subprimes* nos EUA, que, em 2009, nasce o Bitcoin. Satoshi Nakamoto, seu criador, ou o pseudônimo do grupo quem o criou, deixou claro, no primeiro bloco, o bloco gênesis, o motivo pelo qual o Bitcoin foi criado: *"The times 3/Jan/2009 Chancellor on brink of second bailout for banks"*.

BITCOIN GENESIS BLOCK

A frase foi colhida do jornal inglês *The Times*, a qual fazia referência a um segundo resgate do governo inglês a seus bancos. Ou seja, um brado à injustiça do sistema financeiro contemporâneo, pois como descrevemos em capítulos anteriores, quem paga a conta dos resgates é sempre o povo através de mais impostos ou através de uma desvalorização de seu dinheiro.

Com esta frase desafiante ao sistema começou a revolução do Bitcoin. Uma inovação com o potencial de substituir o sistema monetário e financeiro atual. Entendamos aos poucos.

O que é Bitcoin?

O Bitcoin é um protocolo de comunicação através de uma rede por pares (*peer-to-peer*), o qual é utilizado como criptomoeda. Tal rede forma um registro contábil público, onde todas as informações das transações feitas pelos usuários ficam armazenadas de maneira distribuída.

Corriqueiramente, a rede do Bitcoin é uma espécie de grande planilha de Excel onde cada usuário possui uma aba onde aparece apenas uma coluna, na qual se registra a quantidade de Bitcoin recebido. Tecnicamente, esta quantidade de Bitcoin são as chamadas Transações Não Gastas do usuário ou *Unspent Transactions Outputs* (UTxOs), de cuja soma se deduz o saldo particular em Bitcoin de cada usuário.

A matematização da confiança

Pode parecer surpreendente que algo tão banal como isso, uma simples folha de registro contábil, tenha valor, mas o tem, e muito. A inovação do Bitcoin não está verdadeiramente no que ele é, se não em como o faz. Efetivamente, esse registro contábil pode ser editado por qualquer usuário, desde que o resto concorde. Eis o que se conhece como **regras de consenso** do Bitcoin. É aqui onde jaz a inovação, na solução do chamado "problema dos generais bizantinos", ou seja, como atingir um consenso dentro de uma rede distribuída onde ninguém confia em ninguém. O Bitcoin resolve então esse problema, estabelecendo um sistema onde a confiança entre as partes não é necessária. Eis a verdadeira inovação: a **matematização da confiança**.

Para entender por que algo assim é disruptivo é necessário refletir na importância da **confiança** em todas as decisões que tomamos diariamente. Por exemplo, desde que levantamos até que deitamos:

- Preparamos nosso café de manhã com alimentos comprados no supermercado, porque **confiamos** em que eles são de qualidade, apesar de desconhecer completamente como foram processados.

- Usamos nosso carro para ir ao trabalho, ao invés de outro meio de transporte, porque **confiamos** em que ele não vai ficar avariado na metade do caminho, e porque **confiamos** em que, usando ele, chegaremos a tempo.

- Usamos servidores na nuvem para armazenar nossa informação e, posteriormente trabalhar com ela, porque **confiamos** em que esses dados não vão ser perdidos.

- Almoçamos em qualquer restaurante porque **confiamos** em que a comida servida não estará envenenada.

- Pedimos uma comida para jantar em casa, apesar de estar sem dinheiro efetivo, porque **confiamos** em que a bandeira do cartão vai aceitar o pagamento.

Observe como em todos os casos dependemos de entes centrais: empresa produtora dos alimentos ou a agência reguladora, o carro, nosso computador ou os serviços na nuvem, o restaurante, o cartão, ... Já ao contrário, o Bitcoin é uma maneira de estabelecer confiança sem depender de nenhuma outra parte. Especificamente, o Bitcoin resolve de maneira efetiva o problema de ter que confiar que bancos ou governos custodiem e controlem nosso dinheiro.

Quem criou o Bitcoin?

Satoshi Nakamoto é apenas um pseudônimo. Realmente não se sabe quem o criou. E ainda bem. Se o criador se tornasse público já o teriam assassinado ou encarcerado acusando-o falsamente de algum delito irrelevante, ou de algum delito já preparado, ou já teriam destruído sua reputação através da mídia. Pelo bem do criador, e também pelo bem do Bitcoin, o melhor é não saber quem o criou.

Uma figura, um rosto, sempre está atrás de toda instituição pública ou privada: bancos centrais, governos ou empresas, sempre colocam a alguém representando essa autoridade central. O Bitcoin tem, porém, uma filosofia contrária. O Bitcoin não precisa de ninguém de cabelo engomado, vestido de terno e gravata, que esteja por trás para convencer de seu potencial. O potencial do Bitcoin está na sua essência, não na sua aparência.

De inicio isto já é algo inovador porque tipicamente estamos acostumados a confiar em algo devido a alguém, e não percebemos na grande cilada na qual eventualmente podemos cair. Infelizmente, o incentivo que as próprias pessoas têm de enganar a outras se torna às vezes tão grande que cometer o engano compensa. Contudo, o Bitcoin não engana a ninguém, pois ele é claro e diáfano; seu mecanismo de funcionamento é um código aberto, disponível para qualquer um que quiser revisá-lo.

Por que se cria o Bitcoin?

Como foi visto em capítulos anteriores, atendendo às

necessidades e os desejos dos indivíduos, soluções surgem constantemente e de maneira espontânea dentro do livre mercado. Entretanto, mais cedo ou mais tarde, todas as inovações são interferidas pelo poder central, o qual acaba deturpando ou inutilizando o potencial dessa boa ideia, fazendo com que os usuários acabem desestimulados ou acabem perdendo a confiança nessa inovação. Usuários que, apesar disso, continuam usando as ferramentas tradicionais por não haver outra alternativa. Entretanto, esse descontentamento acaba atuando como incentivo para que o mercado engendre outras soluções espontânea e sucessivamente.

Efetivamente, do mesmo modo que, por exemplo, a segurança de um banco melhora naturalmente com a técnica cada vez mais aprimorada dos ladrões (a chamada **co-evolução**), o livre mercado sempre fornecerá soluções que tornem mais eficientes as trocas livres entre os indivíduos. O Bitcoin, portanto, representa outra nova ideia que surge naturalmente dentro do livre mercado com esse propósito. Ou com outras palavras, o nascimento do Bitcoin é uma co-evolução que surge em resposta à deturpação do sistema monetário por parte do poder central.

O Bitcoin é mais uma nova ideia?

Não, o Bitcoin não é mais uma nova ideia qualquer. O Bitcoin é uma grande ideia, comparável com a invenção do protocolo TCP/IP de internet.

Para entender por que lembremos de algumas das falhas do sistema monetário contemporâneo, analisada nos capítulos anteriores. Observemos como o Bitcoin resolve todos e cada um dos seguintes problemas.

• Monopólio da cunhagem da moeda por um ente central, o qual pode aumentar a base monetária à vontade quando quiser. A cunhagem do Bitcoin segue umas regras predefinidas escritas no código fonte, as quais não podem ser alteradas.

• Forçar a inflação para um 2%. Ao contrário da estratégia inflacionária (inflação segundo a escola austríaca) ideada pelos bancos centrais, o Bitcoin segue um padrão desinflacionário, pois, como veremos, sua emissão é gradualmente menor com o tempo.

• Controle do uso da moeda. Ao contrário, o Bitcoin não pode ser controlado porque os incentivos para se unir a ele são maiores que os incentivos para atacá-lo e controlá-lo.

• Controle do valor da moeda através dos bancos centrais. O preço do Bitcoin não pode ser controlado por ninguém; seu preço está sujeito ao livre mercado.

• As transferências internacionais foram oligopolizadas por umas poucas empresas, o que encareceu excessivamente os custos e retarda excessivamente o processo, sendo este de até vários dias. Um usuário pode transferir Bitcoin desde sua carteira para qualquer outra carteira do mundo em questão de minutos pagando uma baixa comissão. Nada a ver com os custos, ao redor de 20%, cobrados usualmente por este tipo de transferências.

• As movimentações bancárias não podem ser feitas em qualquer horário, nem durante qualquer dia, diminuído a liberdade de transacionar do cliente. O processo de criação de blocos do Bitcoin nunca para. O Bitcoin funciona 24 horas ao dia durante os 7 dias da semana.

• Custódia do dinheiro por um ente central, o qual pode

dar calote a qualquer momento. O Bitcoin é descentralizado. Portanto, ninguém pode inibir seu acesso desde um lugar específico, como poderia ser feito fechando uma agência bancária.

• Quando os bancos criam dinheiro ou crédito quase ninguém sabe quanto, como ou por que foi criado nem aonde foi parar. Ao contrário da acusação de que o Bitcoin é usado para lavar dinheiro, o Bitcoin é um registro totalmente público e transparente. Desde o primeiro arquivo, o bloco gênesis, todas as transações estão acessíveis na internet para quem quiser ver.

Como funciona o Bitcoin? Blockchain

A cadeia de blocos ou *blockchain* é o sistema através do qual o Bitcoin guarda a informação sobre as transações dos usuários. Vejamos como funciona.

Cada vez que um usuário deseja realizar uma transação, ele deve confirmar quantos bitcoins ele quer mandar para outro usuário e também deve escolher a taxa da transação. Uma vez que o usuário confirma a taxa, a transação é espalhada pela rede segundo um protocolo de fofoca chamado *flooding*. Os nós da rede recolhem essa informação e verificam se a transação satisfaz as regras de consenso (por exemplo, dispor de saldo suficiente). Quando a maioria dos nós confirma, a transação é estocada em um *mempool* (*memory pool*). Um *mempool* é semelhante a uma parada de ônibus, onde todas as transações se acumulam, esperando a serem agrupadas dentro um arquivo (o ônibus), abandonando assim o *mempool* e ficando registradas para sempre de maneira imutável. Este processo de construção dos arquivos é feito pelos mineradores, os quais, logicamente, selecionam do *mempool*, de maior a menor, as transações que lhe rendem maiores taxas. A taxa da transação é, portanto, um incentivo necessário para concorrer por um recurso escasso como é o espaço limitado no arquivo. Cada arquivo contendo as transações está, de fato, restringido a 1 MB.

A maneira em que os mineradores selam os arquivos das transações é realizando uma operação matemática chamada *hash*, a qual cria um código hexadecimal a partir da informação contida no arquivo; um código com um número fixo de algarismos, independentemente do tamanho dessa informação. Esse código ou *hash* gerado deve ter uma quantidade determinada de zeros a sua esquerda, na cabeceira. Caso contrário, o processo deve ser repetido mudando um número que está contido dentro do próprio arquivo chamado *nonce*. Assim, os mineradores concorrem uns com os outros mudando esse *nonce* e realizando o *hash* até achar um *nonce* que gere um *hash* com o suficientemente número de zeros na sua cabeceira, determinado pelo protocolo de dificuldade. O minerador que o conseguir, receberá uma quantidade específica de Bitcoin como recompensa (6,25 bitcoins na data presente). Quantidade, porém, que irá diminuindo com o passar dos anos, como veremos dentro de pouco, segundo esse mecanismo de ajuste de dificuldade. Esta é, portanto, a maneira em que se produz a cunhagem de Bitcoin. Daí o nome de "minerar" Bitcoin.

As funções *hash* transformam qualquer informação em um código hexadecimal com igual comprimento. O *hash* de uma informação é como se fossem as digitais ou o DNA dessa informação. Existem vários algarismos para obter um *hash*. O que o Bitcoin usa é o SHA256 (*Secure Hash Algorithm* de 256 bits). As funções *hash* são

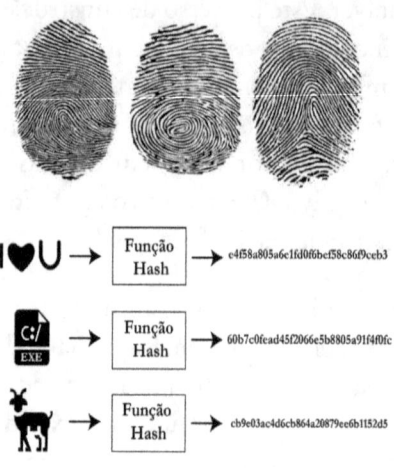

usadas no Bitcoin para criar chaves públicas através das chaves privadas e também durante o processo de mineração, no qual os mineradores obtêm *hashes* até achar um que tenha um suficiente número de zeros no cabeçalho, determinado pela sub-rotina de ajuste de dificuldade. Do ponto de vista físico, a operação *hash* é um processo irreversível, pois é computacionalmente impossível obter a informação inicial a partir de seu *hash*. Os processos irreversíveis são fundamentais em Biofísica, pois através deles constrói-se ordem a partir da desordem.

Uma vez que os mineradores fecham o arquivo com as transações dos usuários, este é mandado de volta para os nós da rede, os quais o guardam a continuação do arquivo anterior. Desta maneira se forma uma cadeia de arquivos, ou cadeia de blocos (*blockchain*), atrelados uns aos outros, pois o código *hash* acertado, o qual sintetiza a informação de um arquivo, é escrito no seguinte.

Precisamente por isso resulta muito difícil mudar o conteúdo dos blocos, pois se algum minerador tentar fraudar a rede, alterando os valores das transações num bloco, ele, para fechar o arquivo, acabaria gerando um *hash* diferente do que já estava escrito no bloco seguinte e, sendo assim, essa mudança não seria aceite pelos nós verificadores. Portanto, a única maneira de fraudar é conseguir acertar *hashes* de maneira mais rápida que o resto do conjunto de mineradores para assim ultrapassá-los, o qual resulta praticamente impossível. De fato, apenas seria possível se o fraudador se formasse um conluio com mais da metade dos mineradores (o chamado 51% *attack*), o qual, porém acabaria destruindo a rede, pois ninguém mais iria querer usá-la. Desta maneira, os incentivos para aceitar as regras e colaborar são maiores que os incentivos para fraudá-las.

Finalmente, é importante reparar que o *hash* acertado pelo minerador serve como prova do trabalho feito por ele, demonstrando assim quem deve receber a recompensa. Este conceito de prova de trabalho é muito importante, pois nele está a essência do funcionamento do Bitcoin.

Proof of work (PoW)

Esta prova de trabalho ou **proof of work (PoW)** é o atestado de que o próprio minerador esteve trabalhando duro, criando inúmeros *hashes*, o mais rápido possível, para ganhar o jogo frente a outros mineradores. Assim, não é suficiente com participar na mineração. Não há prêmio para os que participam; só há prêmio para os que ganham, e se alguém quiser levar o prêmio, então deve se tornar melhor. A forte concorrência em um entorno livre de regulações está nas entranhas do Bitcoin, criando, portanto, um sistema de incentivos certos.

Muitos ainda criticam o sistema de *proof of work* por ser lento e por ser um gasto de energia inútil. Sim, é certo em parte. O *proof of work* é um processo lento e com grande gasto de energia (embora muito provavelmente mais é gasto na manutenção do sistema financeiro e monetário mundial), mas essa é a única maneira conhecida até agora de criar uma moeda ao mesmo tempo segura e descentralizada. Qualquer criptomoeda criada com o propósito de ser mais rápida e mais eficiente energeticamente que o Bitcoin com certeza não será nem tão segura, nem tão descentralizada. Aprofundaremos nesta declaração dentro de pouco.

Bitcoin é energia

Alguns desconhecedores afirmam que os mineradores resolvem "equações matemáticas tremendamente complicadas" para fechar blocos. Mas, na realidade, os mineradores só fazem *hashes*, rápida e constantemente, e para isso usam máquinas desenhadas especificamente para esse tipo de operações chamadas ASICs (*Application-Specific Integrated Circuits*).

Assim, procurando oportunidades de lucro, empreendedores investem na compra de ASICs, montando o que se conhece como *pools* de mineração, pois quanto maior for o número de máquinas, maior será a probabilidade de acertar o *hash* que sela o bloco e com isso ser recompensado com bitcoins pelo esforço computacional. Neste sentido, o Bitcoin pode ser entendido como um protocolo para **monetizar a energia**. Nada muito diferente do processo pelo qual se extrai o ouro da terra, para o qual também é necessária a força de trabalho dos mineradores. Esta ideia se contrapõe à maneira na qual os bancos centrais criam dinheiro hoje em dia monetizando dívida: um dinheiro sem valor algum, pois foi criado sem nenhum esforço. Efetivamente, criar riqueza custa energia e tudo o que não for isso é uma fraude.

Mecanismo de autorregulação da dificuldade

Como mencionamos anteriormente, o número de zeros no cabeçalho do *hash* depende de um mecanismo de ajuste de dificuldade. Em efeito, depois de cada 2016 blocos, **a**

dificuldade se auto-regula através de uma sub-rotina no código fonte do Bitcoin.

Quando os incentivos por minerar se tornam maiores, devido por exemplo a uma alta no preço do Bitcoin, a quantidade de mineradores concorrendo entre si também aumentaria. Tal concorrência provoca um aumento da probabilidade de encontrar um *hash* certo, o qual leva a um fechamento do bloco num tempo menor de 10 minutos. Quando a mineração é tão rápida a segurança do Bitcoin fica comprometida. Por isso, automaticamente se produz um ajuste de dificuldade. Efetivamente, depois de 2016 blocos, o qual leva aproximadamente umas duas semanas, o número de zeros no cabeçalho do *hash* necessário para sintetizar a informação contida no bloco aumentaria, tornando mais difícil encontrar um *hash* certo.

Já ao contrário, quando os incentivos por minerar se tornam menores, devido, por exemplo, a uma queda no preço do Bitcoin, a quantidade de mineradores concorrendo diminuiria. Isso provoca uma diminuição da probabilidade de encontrar um *hash* certo, o qual atrasaria o fechamento dos blocos para mais de 10 minutos. Entretanto, uma mineração tão lenta não seria adequada para transacionar. Por isso, automaticamente a dificuldade se reajusta. Assim, depois de 2016 blocos, o número de zeros no cabeçalho do *hash* necessário para sintetizar a informação contida no bloco diminuiria, tornando mais fácil encontrar um *hash* certo.

Quando o Bitcoin começou a ser minerado, qualquer usuário podia usar seu próprio computador para fechar blocos e receber sua recompensa. Contudo, com o aumento da cotação do Bitcoin, o qual gerou um grande incentivo por minerar, a dificuldade do mecanismo de autorregulação não parou de aumentar até a presente data. Em consequência, conseguir minerar um bloco hoje em dia com um computador de mesa se tornou teoricamente possível, porém praticamente improvável.

A segurança do Bitcoin

A segurança da rede do Bitcoin emerge efetivamente da grande competição existente entre os mineradores, os quais concorrem para conseguir um *hash* certo que lhes forneça a recompensa. A quantidade total de *hashes* por segundo provém da soma da quantidade de *hashes* individuais que cada minerador realiza por se só a cada segundo.

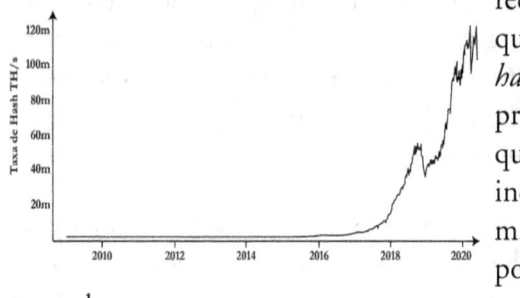

Este poder computacional total não tem comparação com nenhuma outra máquina na Terra. A dia de hoje, o poder computacional da rede do Bitcoin ultrapassa os 100 *ExaHash/s*, ou seja, 100 quintilhões de *hashes* por segundo, aliás, 100 000 000 000 000 000 000 de *hashes* cada segundo.

Bitcoin é blockchain e blockchain é Bitcoin

"Primeiro eles te ignoram, depois se riem, depois lutam contra você e finalmente você vence." Mahatma Gandhi

Nossos arquitetos econômicos não querem nem ouvir falar do Bitcoin porque ele representa uma ameaça à continuidade do sistema financeiro e monetário atual. Por isso, o Bitcoin é continuamente ridicularizado e atacado na mídia tradicional. Em modo irônico, o site https://99bitcoins.com/bitcoin-obituaries/ descreve a quantidade de vezes que o Bitcoin foi crucificado e declarado morto pela mídia.

Dentre estas críticas infundadas, provavelmente uma das mais técnicas é afirmar que a *blockchain* é verdadeiramente uma tecnologia disruptiva, mas não o Bitcoin. Entretanto, apesar de parecer seria, essa afirmação não é mais que uma típica falácia do espantalho. De fato, não é cabível separar uma coisa da outra.

É importante entender que os mineradores criam e fecham os blocos e recebem Bitcoin por isso. Ou seja, Bitcoin é a recompensa por construir a *blockchain* sem a qual os mineradores não teriam nenhum incentivo em fazê-lo, e se assim fosse, não existiria a *blockchain* atrelada ao Bitcoin. Portanto, a relação entre eles é reciproca, pois a existência de um, só é possível graças a existência do outro. Definitivamente, **Bitcoin é blockchain e blockchain é Bitcoin.**

A santíssima trindade: usuários, mineradores e validadores

Um dos detalhes menos explícitos, porém mais importantes da rede do Bitcoin é a fortaleza da sua estrutura. Uma fortaleza baseada num **perfeito equilíbrio de incentivos**.

Para estabelecer esse equilíbrio, em primeiro lugar, os usuários pagam uma taxa aos mineradores para estes trabalharem. A partir daí, em segundo lugar, os mineradores realizam um esforço computacional e mandam sua prova de trabalho para os nós validadores. E finalmente, em terceiro lugar, os validadores acertam a conta com os mineradores para receberem sua recompensa pelo seu trabalho. Ou seja, usuários dependem de mineradores e de validadores, mineradores dependem de usuários e validadores, e validadores, que na maioria dos casos são também detentores de Bitcoin, dependem de outros que usem a rede (usuários) e de outros que a mantenham e a construam (mineradores). Todos os incentivos estão, portanto, certos. Tudo amarrado em **um triângulo perfeito.**

Onde está o Bitcoin?

Um dos maiores pulos ao vácuo na hora de entrar no mundo do Bitcoin é o fato de não ser tangível, e ainda pior, como consequência, o fato dele não estar com o usuário. Isso pode resultar espantoso para a maioria dos iniciantes que, entretanto, são levados a acreditar, ironicamente, que o dinheiro que possuem na sua conta corrente está dentro da sua agência bancária à livre disposição para quando quiserem. Curiosamente, o fato do Bitcoin não ser material é, ao contrário, sua grande vantagem, pois ao ser apenas informação, esta pode ser facilmente armazenada ou enviada a baixo custo.

Como vimos em capítulos anteriores custodiar metais preciosos ou transportá-los era tanto custoso quanto arriscado. Já usar papel-moeda se tornou menos custoso e arriscado. Porém, com o monopólio da cunhagem por parte dos governos, o poder de compra do dinheiro em papel só diminui com o tempo. Respeito ao dinheiro digital bancário, não custa quase nada armazená-lo (mas é questão de tempo que os bancos cobrem a seus clientes por esse serviço devido ao entorno de juros negativos, que prejudica aos bancos, os quais repassarão esse custo extra para seus clientes) e enviá-lo custa pouco nacionalmente, mas bastante internacionalmente. Já ao contrário, custodiar Bitcoin não vale nada e enviá-lo a qualquer parte do mundo, sem importar a quantidade, tem um custo relativo baixíssimo.

Descentralização. Chaves públicas e chaves privadas

Se os bitcoins não estão com o usuário, então onde eles se encontram? Como foi explicado anteriormente, o saldo em Bitcoin que cada usuário possui se corresponde com suas UTxOs, ou seja, com aquelas transações não gastas pelo usuário, e que estão associadas a uma **chave pública**, criada a partir de uma **chave privada** sob sua custódia. A informação das UTxO fica armazenada dentro dos blocos da *blockchain*, que na data presente ocupam um espaço de 242 Gb, os quais por sua vez se encontram nos HDs dos nós validadores. Finalmente, os validadores transmitem essa informação para um servidor de internet, onde fica acessível para qualquer usuário.

A chave pública, portanto, estaria associada ao saldo do usuário, mas apenas com ela não seria possível transacionar. Para realizar uma transação, o usuário deve usar sua chave privada, sem a qual seus bitcoins não poderiam ser gastos (transferidos para outro). A chave privada, portanto, dá o poder de gastar os bitcoins que o usuário possui. De maneira resumida, a chave pública serve para receber Bitcoin e a chave privada para enviá-los.

O gerenciamento das chaves públicas e privadas deve ser

feita da maneira diferente. Como seu próprio nome indica, a chave pública de um usuário A pode e deve ser mostrada para um usuário B, caso B deseje transferir bitcoins para A. Já a chave privada jamais deve ser mostrada para ninguém, pois se um usuário A mostrar sua chave privada para um usuário B, este usuário B terá acesso aos bitcoins do usuário A e provavelmente gastará todos os bitcoins dele, transferindo-os para sua própria carteira, antes que o mesmo A os gaste em um terceiro.

Carteiras

Uma **carteira** é um *software* com uma interface simples para o usuário consultar seu saldo em criptomoedas. Para isso, a carteira se comunica com os nós da rede ou com algum servidor onde as transações da *blockchain* são públicas (https://www.blockchain.com/).

Além de consultar o saldo, já que as carteiras guardam criptograficamente as chaves privadas do usuário, estas podem ser usadas para assinar transações; ação necessária para poder enviar Bitcoin. Também, já que a partir das chaves privadas pode ser gerada uma ou várias chaves públicas, as quais atuam como endereços virtuais, o usuário também pode fornecer esse seu endereço de carteira para outro usuário e assim poder receber Bitcoin através dele.

Exodus wallet e Coinomi são alguns exemplos de carteiras para computador e celular. Porém, as possibilidades são cada vez maiores. O site bitcoin.org mostra muitas mais em função das preferencias do usuário.

Frase semente

> "Se não são tuas chaves (privadas), então não são teus bitcoins." Andreas Antonopoulos

A gestão das chaves privadas é provavelmente o ponto mais fraco do Bitcoin, pois é aqui onde entra a falha humana. Muitos usuários, de fato, já perderam todo seu saldo em Bitcoin por erros deste tipo. Jamais forneça suas chaves privadas para ninguém!

É muito difícil lembrar os 64 caracteres dos quais se compõe a chave privada. Por isso, as chamadas carteiras hierárquicas deterministas, a maioria hoje em dia, usam um processo levemente diferente. Ao serem instaladas pela primeira vez, estas carteiras criam aleatoriamente uma semente mestra em código binário, a partir da qual, usando um *wordlist* de 2048 palavras, são escolhidas 12, as quais são chamadas de **frase semente** (*seed phrase*) ou **frase de recuperação** (*recovery phrase*). Esta frase semente, ao contrário da chave privada, torna-se bastante mais fácil de lembrar. Por exemplo, uma frase semente poderia ser a seguinte:

horse bag phone water pencil tree window air again holiday spell strike

Algum leitor esperto poderia pensar que, já que a frase semente também não só serve para criar, mas também para recuperar uma carteira, poderiam se chutar 12 palavras para assim recuperar, ou melhor dito roubar, a carteira de alguém e assim ficar com seus bitcoins. O problema é que, já que o *wordlist* contém 2048 palavras, o número de combinações seria de 2048 elevado a 12, o que equivale aproximadamente a 10 elevado a 39 combinações. Para piorar, muitas carteiras já estão implementando 18 ou ainda 24 palavras, ao invés de 12, o que torna essa probabilidade de acertar ainda mais baixa. De fato, no caso de usar 24 palavras, haveria 296427748447529 4602843417216222410441043711607440398439410114 1506025761187823616 combinações de carteiras possíveis.

A partir da semente mestra binária a carteira faz um *hash* da qual se obtém a **chave privada mestra**. A chave privada mestra é um código hexadecimal de 256 bits, com o prefixo x80, que tem tipicamente esta forma:

x80d59a0e3c061b8a65137fbbb095b394ddf5dc56baa-9d3ab2ee10c493aab0eae54

O interessante desta formatação é que inclui uns bits de verificação (*checksum*) que avisam caso a digitação da chave privada estiver errada.

A partir desta chave mestra se deriva a **chave privada em formato WIF** (*Wallet Import Format*), que é o formato em que a carteira guarda e usa a chave privada. Por segurança, esta chave privada fica normalmente inacessível ao usuário. Esta chave privada em formato WIF se constrói codificando a chave privada mestra em base 58. A codificação em base 58 usa os números de 0 a 9 e o alfabeto em maiúscula e em minúscula (totalizando 62 caracteres), eliminando, porém, os caracteres ambíguos (0, O, I, l). Logo, é uma codificação enxuta e que minimiza erros de digitação. Esta chave privada WIF possui 50 caracteres além do 5 inicial:

5KSMkax2pBX45P1arm7BuVCzUt6QSDUatfqGvSziC-GpqD1qjGJ7

Finalmente, a partir da chave privada mestra, usando um algoritmo de criptografia de curva elíptica, se constrói uma chave pública com prefixo, ou **chave pública descomprimida**, sendo esta um número hexadecimal de 512 bits (64 bytes), tipicamente com este formato:

x04405629655f31d8613e9fe42053a7f02e346b3dd3b7b-fa7e4233bf0e16548d228cb83dc60e8f8974663a4079e8e2ca-2f9b88f900558af21c78137f228942326d9

Desta chave pública obtém-se outra através de uma operação chamada OP_HASH160, a qual consiste em realizar 2 *hashes*, primeiro usando o algoritmo SHA256 e depois usando o RIPEMD-160. No resultado se implementam 4 bytes de *checksum* para detectar erros de digitação. Esta nova chave pública finalmente se codifica em base 58 para obter outra chave pública de menor tamanho que servirá de **endereço da carteira**. O resultado final é um código alfanumérico dentre 25 a 33 caracteres, além do 1 inicial:

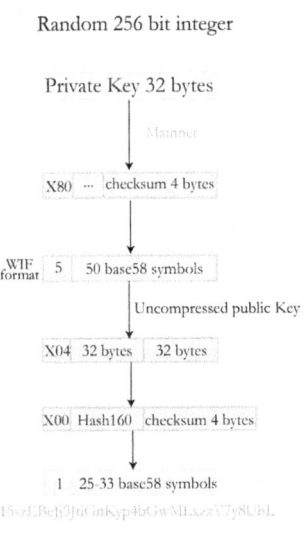

196kibgFfEkchMc3VumbQrYdz5sgXS6fLo

Este número 1 inicial faz referência à formatação do endereço. Tudo o acima descrito corresponde à formatação de endereços chamada P2PKH (*Pay to PubKey Hash*). Entretanto, essa não é a única formatação possível. Os endereços de carteira de Bitcoin poderiam também ser gerados em formato P2SH (*Pay to Script Hash*), que tipicamente começam por 3, ou em formato BECH32, que tipicamente começam por bc1. Os formatos de carteira P2SH e BECH32 são mais avançados, pois permitem criar endereços *multisig*, onde vários usuários precisam assinar para transacionar, ou criar endereços que aceitam o aprimoramento *SegWit*, o qual descreveremos mais na frente.

Armazenamento frio e armazenamento quente

Existem duas possibilidades de gestionar a carteira de um usuário, cada uma com suas vantagens e desvantagens.

• **Armazenamento ou carteira quente** (*Online*): Qualquer *software wallet* com acesso à internet é uma carteira quente. Tipicamente são aquelas carteiras instaladas no celular, no computador ou no navegador de internet através de uma extensão. São simples de usar, rápidas e tipicamente de graça, porém, pouco seguras.

• **Armazenamento ou carteira fria** (*Offline*): São aparelhos especiais (Trezor ou Ledger) parecidos com uma memória USB que usam contenedores criptografados onde são guardadas as chaves privadas. As carteiras frias têm que ser usadas toda vez que usuário deseje efetuar uma transação, e sendo assim, o ato de transacionar é bastante mais demorado. Entretanto, devido a que estas carteiras frias bloqueiam qualquer ataque desde o computador, elas se tornam bastante mais seguras que as carteiras quentes.

Custódia das chaves privadas

Espera-se ainda para este ano de 2020 uma atualização no código fonte do Bitcoin que permita codificar as chaves privadas em outro tipo de formatação diferente da frase de recuperação ou frase semente. Dita atualização permitirá codificar as chaves privadas na forma de uma senha junto com um ditado, a gosto do consumidor, ou um parágrafo do livro favorito do usuário, resultando assim em algo fácil de lembrar ou fácil de achar caso ele esquecer. Mas enquanto essa atualização não chegar, o recomendado é guardar a frase de recuperação segundo um armazenamento frio. Por exemplo:

• Escrever as palavras da frase de recuperação num papel e guardar ao menos duas vias da mesma em lugares seguros.

• Usar placas de metal já preparadas para colocar essas 12/18/24 palavras, e guardá-las em lugar seguro. Estas placas evitam a perda das chaves privadas devido a incêndios ou alagamentos.

• Digitar as palavras da frase de recuperação dentro de um arquivo sem formato no próprio computador e formar um contenedor criptografado que fique, porém, fora do mesmo (*offline*).

Outras opções de armazenamento habituais como guardar as chaves privadas dentro de seu computador ou na nuvem é considerado armazenamento quente e, portanto, pouco recomendável.

Exchanges centralizadas

Uma pergunta que já deve ter surgido é como conseguir Bitcoin. Já que obter Bitcoin minerando talvez não seja uma boa ideia, a única opção que resta hoje em dia é trabalhar para ganhar em Bitcoin ou diretamente comprá-lo através de casas de câmbio de criptomoedas, as quais são chamadas de **exchanges**.

As *exchanges* são agências que, primeiro adquirem criptomoedas dos mineradores, ou de outras *exchanges*, e depois as ofertam através do seu site para os usuários, os quais podem trocar suas moedas fiat por criptomoedas ou vice-versa.

Nos últimos anos criaram-se uma grande quantidade de exchanges, algumas delas mesmo através de *crowdfunding* no que se chamou de *Initial Exchange Offering* (IEO). As *exchanges* têm o potencial de substituir os bancos tradicionais, até porque algumas delas já oferecem produtos financeiros parecidos. Entretanto, as *exchanges*, igual que os bancos, continuam sendo entes centrais, e portanto submetidos a falhas, a ataques, a censuras de governos ou elas mesmas podem realizar banimentos a clientes particulares. De fato, um dos requisitos para se cadastrar em uma *exchange* centralizada é ter que completar o chamado KYC (*Know Your Customer)*, ou seja, ter que tirar várias fotos do rosto mostrando documentos oficiais, pois os governos, cada vez com maior frequência, exigem das *exchanges* que estas mandem toda a informação das atividades de seus clientes e os identifiquem.

Por causa disso, outra opção cada vez mais estendida é adquirir Bitcoin através de plataformas como Localbitcoins, Paxful ou Bisq, onde compradores e vendedores se encontram virtualmente e realizam suas trocas *peer-to-peer* da maneira livre e voluntária.

O Bitcoin é a porta de entrada para a Web 3.0

> "Bitcoin não é o dinheiro de internet. Bitcoin é a internet do dinheiro."
> Andreas Antonopoulos

Da mesma maneira que o protocolo TCP/IP sentou as bases da internet, dando lugar à chamada Web 1.0 e a Web 2.0, o Bitcoin senta as bases da chamada **Web 3.0**, a qual curiosamente não depende do protocolo TCP/IP. Isso é porque Bitcoin não é um protocolo *per se*, senão uma linguagem. Ou seja, Bitcoin pode ser transferido por qualquer outro meio como *sms* ou *bluetooth*, embora seja preferível usar meios de longo alcance como, por exemplo, ondas de rádio. Por isso, mesmo que a internet deixe de funcionar, o Bitcoin não o fará, pois é independente dela.

O Bitcoin introduz a descentralização e com ela a Web 3.0. Na Web 3.0 o paradigma de transferência de informação muda completamente. Os indivíduos não são mais sujeitos passivos, subjugados a um ente central de cuja informação dependem, senão sujeitos ativos participantes e colaboradores de uma rede própria e interligada. Na Web 3.0, os sujeitos não dependem de nós particulares da rede, até porque todos são igualmente particulares.

Ao contrário da Web 2.0, na Web 3.0 qualquer nó da rede descentralizada possui toda ou parte da informação. A informação está plenamente distribuída. Sendo assim, qualquer falha ou ataque a qualquer nó da rede não afeta ao conjunto. A Web 3.0, por tanto, é bem mais resiliente que a sua predecessora.

Altcoins: A explosão cambriana

O rápido sucesso do Bitcoin, junto com seu potencial disruptivo, tem contribuído ao surgimento de inúmeros projetos de características similares. Entretanto, a maioria destas criptomoedas alternativas, ou *altcoins*, não passavam de uma cópia do código fonte do Bitcoin, ou de um projeto com leves mudanças que não aportava nada novo nem melhor. Sendo assim, a própria "mão invisível do mercado" fez seu trabalho, selecionando algumas dessas *altcoins* por seu aparente potencial, e descartando outras, as quais acabaram sucumbindo ou sobrevivendo no ostracismo.

A maioria destes projetos de *altcoins* nasceram a partir de uma espécie de *crowdfunding* chamado de ICO *(Initial Coin Offering)*, no qual os participantes recebiam criptomoedas da *start-up* e, em troca, estes investiam o capital recebido em melhorar ou em acabar de desenvolver sua *altcoin*. A corrida pela arrecadação, e por um nascimento forte e de sucesso, trouxe a participação de muitos investidores por medo a ficar de fora do lançamento, causando o chamado FOMO (*Fear Of Missing Out*). Porém, uma vez que a *altcoin* criada não teve a boa acolhida esperada pelo mercado, a empolgação dos torcedores e investidores acabou tornando-se decepção, acarretando a eventual perda do capital investido.

Durante esta época, todos os detratores do Bitcoin usaram a falácia da falsa analogia para equiparar ao Bitcoin com mais uma ICO na forma de esquema Ponzi. Nada mais longe disso, o Bitcoin é realmente algo inovador e toda vez que uma grande inovação surge dentro do mercado, inúmeros imitadores, ou *copycats*, aparecem para tentar roubar esse protagonismo.

A temporada, já encerrada, das *altcoins* através de ICOs foi uma consequência natural do mercado, a qual foi inclusive positiva, pois novas ideias são sempre bem-vindas. Mais uma vez, o sistema econômico teve que fazer escolhas, aceitando as melhores inovações, em troca de fazer sacrifícios *(trade-offs)*, na forma de capital individual perdido através de muitos investimentos que não acabaram sendo demandados pelo mercado.

Os fracassos de muitas *altcoins* no mundo cripto remete ao fracasso de outras *start-ups* na época da bolha das pontocom. Em efeito, para o mercado ter engendrado a gigantes como Google, Facebook ou Youtube, ele também necessitou sacrificar outras tantas empresas aparentemente inovadoras como Altavista, Napster, Netscape ou Orkut, as quais não conseguiram sobreviver, ou outras como Terra ou Yahoo, as quais acabaram absorbidas por terceiros.

O trilema da blockchain

Dentro deste marco de explosão cambriana, muitas *altcoins* foram criadas com o propósito de concorrer diretamente com o Bitcoin, o qual, não sem razão, foi acusado de ser lento e pouco escalável. As transações do Bitcoin estão de fato limitadas a entre 3 e 7 por segundo e, ainda, algumas destas transações, as que usarem as menores taxas, podem ficar no limbo durante um tempo bem maior, caso o *mempool* sature.

Entretanto, comprovou-se experimentalmente que qualquer criptomoeda baseada em *blockchain*, não apenas o Bitcoin, apresentava um **trilema insolúvel,** o qual implicava que nenhuma delas poderia ser ao mesmo tempo descentralizada, segura e escalável. Não era possível,

portanto, atingir a perfeição nestes três requisitos ao mesmo tempo, já que, para aumentar um deles, devia ser em detrimento de diminuir os outros dois.

Bitcoin como dinheiro ou como reserva de valor?

Depois de conhecer a lentidão do Bitcoin, cabe a seguinte pergunta: como é que uma moeda virtual como o Bitcoin, que no máximo consegue realizar até 7 transações por segundo, seria capaz de concorrer com operadoras de pagamento como Visa ou Mastercard que conseguem até 24 000 transações por segundo?

Efetivamente, como assim determinava o trilema, o Bitcoin tem suas limitações. A segurança e descentralização do Bitcoin são bastante superiores a sua escalabilidade. Desta maneira, a pesar de que a ideia inicial do Bitcoin era a de ser considerada como moeda, suas características, dado o contexto econômico inflacionário o qual vivenciamos, fizeram com que ele tenha se tornado uma **reserva de valor**. Ou seja, uma espécie de ouro digital.

Ouro ou Bitcoin?

> "O valor não é intrínseco. Não existe valor intrínseco nas coisas. O valor está dentro de nós, na maneira em que reagimos às condições do ambiente."
> L. V. Mises

Realmente, cabe então a pergunta: quem é portanto melhor como reserva de valor: ouro o Bitcoin? Em verdade, ser melhor ou ser pior são conceitos relativos que não cabe a mim deliberar e sim ao mercado. Quem sou eu para julgar frente à grande clarividência do livre mercado? É o mercado quem deve determinar quem é melhor ou pior e isso dependerá das circunstâncias.

São precisamente estas circunstâncias opressoras, e de perda lacerante de liberdades dos indivíduos, que fizeram com que o Bitcoin se tornasse um sucesso. Com certeza, o mercado não teria dado à luz a semelhante inovação se já vivêssemos num entorno livre.

Muitos, principalmente os investidores tradicionais, pensam que o ouro é claramente melhor, pois ao contrário do Bitcoin, o ouro é tangível. Contudo, como vimos no capítulo anterior, governos já confiscaram o ouro dos cidadãos várias vezes ao longo da história e, sendo assim, ser material é uma grande desvantagem nesse ambiente. Além disso, em circunstâncias ainda mais opressoras, é duvidável que alguém consiga sair de seu país carregando ouro. Já ao contrário, ninguém pode confiscar o Bitcoin, pois até onde se sabe, resulta impossível hoje em dia extrair da cabeça de alguém as 12, 18 ou 24 palavras que compõem a frase de recuperação, as quais dão acesso aos bitcoins dos usuários.

De outro ponto de vista, poderia-se afirmar que o valor do ouro está em suas propriedades intrínsecas, enquanto que o valor do Bitcoin está nas suas propriedades extrínsecas, no sentido em que ele tem valor devido fundamentalmente às propriedades do entorno no qual se encontra, um entorno suportado por muitos nós validadores e por muitos mineradores, sem os quais o Bitcoin apenas seriam números escritos numa planilha de Excel.

Em qualquer caso, dissociar a parte intrínseca da parte extrínseca não faz o menor sentido. O que significa realmente ter valor intrínseco? Imagine-se uma pessoa perdida há dias no deserto, será que ela daria mais valor a um quilograma de ouro ou a um litro de água? A resposta é clara e através da mesma podemos entender que não devemos separar o objeto, o qual queremos precificar, do seu entorno, pois é este último quem realmente determina o valor do objeto. Sendo assim, os objetos devem se valorizar somando, e não desnudando, a parte intrínseca da extrínseca.

O Bitcoin é um bem escasso

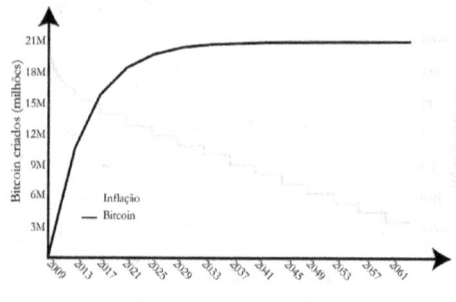

Ao contrário dos balanços dos bancos centrais, que não param de aumentar, e os quais estão relacionados com a quantidade de dinheiro impresso física ou criado digitalmente, a quantidade de bitcoins criados ao longo do tempo, segundo está escrito no seu algoritmo, tenderá a diminuir gradualmente. Efetivamente, no código fonte do Bitcoin está implementada uma função chamada GetBlockSubsidy, corriqueiramente conhecida como *halving*, a qual estipula que a recompensa que os mineradores ganham por fechar cada bloco deve ser dividida pela metade a cada 4 anos, até que o total de bitcoins, 21 milhões, sejam minerados. Essa política monetária des-inflacionária torna a criação do Bitcoin cada vez menor com o tempo. A ideia por trás disso é a de fazer do **Bitcoin um bem escasso,** igual que o ouro.

É importante observar como, graças a esta implementação,

o Bitcoin satisfaz todas as características, estudadas no capítulo II, que um item deve possuir para se tornar dinheiro:

1. O Bitcoin é durável, pois ele é apenas informação.

2. Ele é fungível, pois o Bitcoin de Fulano é igual ao Bitcoin de Beltrano.

3. Ele possui valor por se só, um valor, porém, maiormente extrínseco.

4. Ele é divisível até uma cem milionésima parte (0,00000001 Bitcoin, conhecido também como 1 satoshi).

5. Ele é escasso.

O Bitcoin é uma moeda programável

Efetivamente, o Bitcoin é extremamente lento para ser usado como moeda. Contudo, o fato dele ser apenas informação o torna uma **moeda programável**, convertendo-se assim numa ótima ferramenta adaptável às diferentes necessidades dos usuários.

Essa capacidade de ser programável foi aproveitada recentemente para criar um novo protocolo, a chamada *Lightning Network*, o qual consiste em abrir canais de pagamento entre detentores de Bitcoin, a partir dos quais podem se efetivar transações de maneira instantânea e com custo quase zero, as quais apenas são comunicadas oficialmente à *blockchain* quando estes canais de pagamento são fechados. Desta maneira, foi demonstrado como o Bitcoin possui

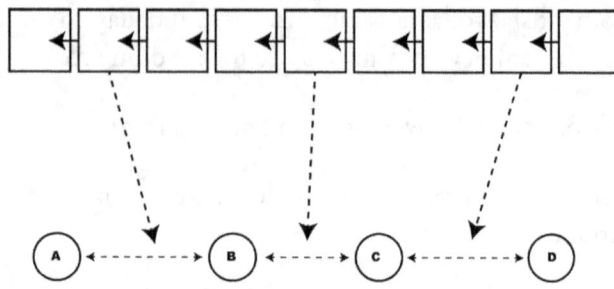

potencial de crescimento radial, como as camadas de uma cebola, podendo construir outros protocolos acima dele. A ideia é que o Bitcoin seja o núcleo duro ou *hardcore*, núcleo de segurança extrema, e camadas extras, com propriedades complementares, possam ser construídas a partir da anterior.

Já existem carteiras que implementam o protocolo *Lightning*. Phoenix e Blue Wallet são dois exemplos.

Dinheiro dos governos, dinheiro das empresas e dinheiro do povo

> "Libre, not Libra." Andreas Antonopoulos

Como temos visto, o Bitcoin provocou toda uma explosão de moedas alternativas. Tamanha empolgação levou outras gigantes como Facebook a se animar e acabar lançando sua própria criptomoeda, a chamada Libra. Entretanto, devido à enorme quantidade de usuários de Facebook, o eventual uso da Libra representava uma séria ameaça ao domínio do dólar e outras moedas fiat importantes. E sendo assim, foi completamente barrada pelos governos, principalmente

Europa e EUA.

Pouco tempo depois alguns países como a China anunciaram que também lançariam sua própria criptomoeda, abrindo assim a possibilidade de que todos os governos acabem, mais tarde ou mais cedo, emitindo uma moeda criptografada soberana. Os países estão de fato procurando meios para concorrer contra o Bitcoin, mas a intenção deles não é criar uma moeda baseada numa *blockchain* pública e de cunhagem imutável como é o Bitcoin, se não moedas privadas cuja emissão continue sendo controlada e mudada à vontade quando precisarem. Ou seja, nada diferente do que existe atualmente com o dinheiro fiat; o mesmo cachorro com diferente colar.

O Bitcoin tem quebrado o monopólio governamental de cunhagem da moeda. A partir de agora, os usuários terão que escolher dentre três formas de dinheiro: **o dinheiro dos governos** (futuramente apenas em formato digital, não mais físico), **o dinheiro das empresas**, como a Libra, ou **o dinheiro do povo**.

Fonte: https://bankless.substack.com/ (Ryan Sean Adams & David Hoffman)

Propostas de Melhora do Bitcoin (BIPs)

Apesar de ter dado a impressão do contrário, o código fonte do Bitcoin pode ser mudado. Mudanças no código podem efetivamente serem realizadas através das chamadas **BIPs**

(*Bitcoin Improvement Proposals*), ou **Propostas de Melhora do Bitcoin**, feitas por meio da plataforma de código aberto Github. Qualquer um pode submeter uma proposta de mudança, a qual será analisada pela comunidade, quem possui grandes incentivos em aprovar uma mudança que aprimore o código. Desta maneira, caso for considerada favoravelmente, essa atualização ficará disponível para os validadores.

As BIPs são documentos que fornecem informação à comunidade ou documentos que descrevem novas características que poderiam ser implementadas no próprio Bitcoin ou, no seu entorno de programação. Existem 3 tipos de BIPs:

• A BIP informacional, a qual adverte de problemas ou propõe novas orientações.

• A BIP padrão, a qual propõe mudanças que afetarão a todas, ou grande parte, das implementações do Bitcoin, atingindo inclusive o código fonte. Por causa disso, as BIPs padrão precisam de um consenso comunitário; tipicamente o 90% da mesma.

• A BIP processual, as quais propõem mudanças, como as BIP padrão, mas que não afetam ao código fonte, se não ao entorno do protocolo. Entretanto, habitualmente também requerem consenso.

Bifurcações duras e bifurcações suaves

A diferença de entornos centralizados, nos quais o consenso

é ditado ou imposto desde cima, em entornos descentralizados como o do Bitcoin atingir consenso não é nem tão fácil, nem tão rápido, até porque nem validadores, nem mineradores estão obrigados a aceitar as atualizações propostas. Efetiva e praticamente, o Bitcoin é livre.

Já que as mudanças não têm por que serem aceites, pode acontecer que alguns nós não atualizem suas regras de consenso, e sendo assim, não poderiam validar blocos criados por nós que sim atualizaram as regras. Se esta discrepância persiste, a *blockchain* original acaba se desmembrando em duas, uma com as regras novas e outra com as regras antigas, acontecendo o que se conhece como **bifurcação dura** (*hard fork*). As bifurcações duras às vezes tornam-se necessárias para salvar a *blockchain* de algum *bug* e outras vezes são sugeridas por desenvolvedores discordantes através dos chamados *software forks*. Efetivamente, caso estes grupos disponham de apoio suficiente de validadores e mineradores, cria-se uma cópia da *blockchain* original, contendo todas as transações até o último bloco minerado, e continua-se minerando blocos numa *blockchain* já diferente, desmembrada da anterior.

A *blockchain* de Bitcoin já passou por várias bifurcações duras deste tipo, sendo o Bitcoin Cash, produzida a partir do bloco 478558, uma das mais importantes e polêmicas. Outras bifurcações como Bitcoin Gold, Bitcoin Diamond ou Bitcoin Satoshi's Vision podem resultar familiares ao leitor.

Entretanto, a maioria das mudanças do Bitcoin são feitas através de BIPs que apenas aprimoram o código ou o seu entorno, sem mudar muito sua essência. Neste caso se diz que a *blockchain* sofreu uma **bifurcação suave** (*soft fork*). Uma das bifurcações suaves mais conhecidas e mais suplicadas pelos usuários, devido às subidas das taxas de transferência, foi o chamado *SegWit* ou *Segregated Witness* (Testemunha

Segregada), implementado através da proposta BIP141. O *SegWit* foi importante porque aprimorava a maleabilidade das transações, implementava um suporte adequado para protocolos de segunda camada, como a *Lightning Network*, e deixava mais espaço nos blocos, o que diminuiu consideravelmente os custos de transação.

A REVOLUÇÃO DENTRO DA REVOLUÇÃO: ETHEREUM

Ethereum

Em 2013, um menino autodidata de 19 anos chamado Vitalik Buterin, pensou em desenvolver uma BIP, uma proposta de melhora do Bitcoin. Sua ideia consistia em generalizar o Bitcoin para que se tornasse mais abrangente, de maneira a poder transacionar qualquer informação e não apenas dinheiro virtual. Com isso, o Bitcoin se tornaria a base para o desenvolvimento de muitas aplicações. Entretanto, quando Buterin tentou implementar sua proposta percebeu que não daria certo, pois o próprio código do Bitcoin, como temos visto, prima a descentralização e segurança por cima da escalabilidade. Contudo, longe de desistir, Buterin pensou que seria melhor criar um entorno diferente desde zero e para isso juntou-se a um grupo de desenvolvedores, fundando a rede de **Ethereum**.

Ethereum, ou melhor dito, *Ethereum Virtual Machine*, é uma plataforma pública e livre baseada em *blockchain* com a capacidade de poder executar programas. Assim, o Ethereum oferece o entorno perfeito para que qualquer usuário construa aplicativos descentralizados, comumente chamados **dapps** (*decentralized apps*).

O Ether

Exceto algumas pequenas diferenças como a maior rapidez de mineração, estimada em uns 15 segundos de média, o funcionamento da *blockchain* de Ethereum, na sua versão atual, a 1.0, é bastante parecida ao funcionamento da *blockchain* de Bitcoin. Desde o ponto de vista dos incentivos, o sistema atual de Ethereum também usa nós validadores e mineradores que realizam *hashes* para fechar blocos e receber com isso sua recompensa chamada de **Ether**, ou abreviadamente, ETH.

Uma das diferenças talvez mais importantes é que, ao contrário do Bitcoin, o Ether não é só uma moeda senão uma moeda dentro um entorno de programação. Efetivamente, o ETH é a moeda que atua como meio de pagamento para que os mineradores selem transações contendo a informação que faz os programas rodarem. Esta taxa é chamada de **gás**. O gás é pago em Gweis, ou Gigaweis. Os Gigaweis são subunidades do ETH. Especificamente, 1 Gwei equivale a 0,000000001 ETH. Contudo, a unidade mínima do ETH seria o wei, a qual seria análoga ao shatoshi em Bitcoin. A equivalência entre ETH e wei seria:

1 Ether = 1 000 000 000 000 000 000 wei

 No entorno da rede virtual de Ethereum, o gás, especificamente 1 Gwei, é a unidade mínima de trabalho computacional feito pelos mineradores. Assim, dependendo da capacidade da rede, esse trabalho computacional pode se tornar mais relaxado ou mais puxado, o qual marca o **preço do gás**. Por exemplo, quando a rede de Ethereum estiver saturada, o preço do gás sobe, pois nesse caso haveria que pagar mais por requisitar os serviços de um minerador. Já se os mineradores estiverem ociosos, o atendimento se torna barato e o preço do gás cai.

Outro conceito importante além do preço do gás é o **limite do gás**. Podemos entender o limite do gás usando a mesma analogia dos ônibus que aplicamos para entender o funcionamento da *blockchain* do Bitcoin. A diferença está em que, no caso do Bitcoin, com algumas ressalvas, cada transação equivalia basicamente a um passageiro. Já no caso do Ethereum, ao invés do ônibus transportar passageiros, ele transportaria famílias, sendo estas famílias pequenas, no caso de uma simples transferência de ETH, ou grandes, caso forem transações mais complexas que envolvam maior número de bytes. Desta maneira, o limite do gás seria a quantidade de gasolina máxima que cada uma destas famílias estaria disposta a fornecer para que o ônibus chegue a seu destino.

Uma vez que o preço do gás e o limite do gás são fixados, a transação é processada. O usuário acabará pagando a taxa de transação, sendo esta igual a:

Taxa_Transação = Gas_Consumido * Preço_Gas

Se esta taxa de transação requerida for menor ou igual que o produto do limite do gás vezes seu preço, pago pelo usuário, então a transação será efetivada e o restante do gás usado até o limite será devolvido. Já se esta taxa de transação requerida for maior que o produto do limite do gás vezes seu preço, então a transação não será efetivada, mas esse produto sim será cobrado pelo minerador, pois ele gastou esforço computacional em tentar efetivá-la.

Outro problema que pode acontecer seria no caso de oferecer um preço do gás baixo demais. De fato, se esse valor não for suficiente, o motorista do ônibus não aceitará dar carona para essa família e acabará indo embora sem eles. Ou seja, essa transação não será completada, ficando pendente (*pending transaction*). Isso acontece porque os mineradores são incentivados a colocar no bloco as transações dos usuários que mais rendam, pois se não fosse assim a rede estaria continuamente saturada, tornando-a inútil. Nesse caso então, essa família teria que esperar que outro motorista aceite dar carona por esse valor ou, senão, ela teria que pagar mais pelo preço do gás, pois no momento em que eles querem viajar os mineradores estariam muito ocupados.

Tudo isso pode parecer um tanto confuso, mas a maioria das carteiras de Ethereum estimam automaticamente tanto o preço do gás quanto o limite necessário. Portanto, o usuário não tem que se preocupar na forma em que este mecanismo funciona.

Contratos inteligentes

Além de proteger aos usuários das perdas de poder aquisitivo, o grande potencial do Bitcoin está em que permite que as pessoas transacionem livremente sem necessidade de intermediários, neste caso os bancos. Já o grande potencial de

Ethereum está em que permite aos usuários assinar acordos através dos chamados **contratos inteligentes** ou *smart contracts*, para os quais também nenhum tipo de intermediário é necessário.

Isto pode parecer fútil, mas é completamente disruptivo. De fato, por primeira vez na história da economia e as finanças, pessoas não precisam de terceiros para fechar acordos. Os contratos inteligentes acabam com o grande atrito em forma de tempo e dinheiro que o sistema tradicional impõe na hora de empreender e transacionar. Agora, com poucos cliques de mouse, desde qualquer terminal, qualquer usuário pode estabelecer acordos com outras partes interessadas ainda sem sequer ter se conhecido.

Um exemplo de contrato inteligente simples, na linguagem de Solidity, a linguagem padrão de Ethereum, seria o seguinte:

contract Nascimento {

    string store = "No dia 5/11/2020 nasceu Maria Silva Silva";

}

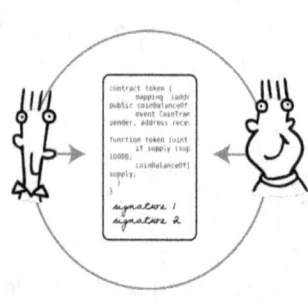

Este contrato (*contract*) chamado "Nascimento" cria um espaço na *blockchain* de Ethereum, onde é armazenada (*store*) uma cadeia de caracteres (*string*) que indica o nascimento de alguém. Este contrato, porém, não estaria completo, pois precisaria implementar outras funções como, por exemplo, pedir a assinatura do usuário, através da sua chave privada criptografada. Em qualquer caso, acreditamos ser suficiente para ter uma ideia do funcionamento de um contrato inteligente.

Os contratos inteligentes abrem toda uma gama de possibilidades dentro da rede Ethereum, sendo os ERC *tokens* uma das formas mais usadas até a presente data. Entretanto, antes de aprofundar nesses ERC tokens se torna necessário entender primeiro outros detalhes.

Oráculos

Muitos contratos inteligentes precisam de informações do exterior para serem automaticamente construídos ou para serem rodados de maneira autônoma. O mecanismo através do qual essa informação é alimentada do exterior para o interior da *blockchain* é através dos chamados **oráculos**, os quais interagem com determinados *websites* através de *Application Programming Interfaces* (APIs). Simplificadamente, os oráculos são a ponte de ligação entre o mundo físico e o mundo virtual.

Os oráculos são tão necessários quanto delicados, pois ao interagir com o mundo fora da *blockchain* representam pontos centrais de vulnerabilidade. Esta vulnerabilidade foi de fato aproveitada recentemente (fevereiro 2020) por um hacker usando um tipo especial de contrato inteligente para empréstimos instantâneos (*flash loans*), empréstimos que são assinados e encerrados ainda no mesmo bloco.

A comunidade ainda se debate sobre como resolver o

chamado problema dos oráculos: se construir oráculos mais seguros, porém centralizados, ou se construir oráculos mais descentralizados, porém imparáveis ante eventuais falhas.

Sistema de Arquivos Interplanetário (IPFS)

A descentralização da Web 3.0 introduzida pelas criptomoedas, e neste caso especificamente por Ethereum, permite mudar radicalmente a maneira em que os usuários acessam à informação. Atualmente, os usuários acessam a suas plataformas habituais (email, sites de notícias, redes sociais, sites de streaming, ...) estabelecendo uma comunicação desde seu terminal (computador, celular ou tablet) até o servidor, o qual hospeda essa informação. Neste sentido, os usuários dependem dos servidores, os quais detêm todo o poder da informação nas suas mãos. É bem-sabido que estes entes centrais representam pontos de vulnerabilidade da rede, os quais deixam expostos a seus usuários em caso de falha. Efetivamente, vazamentos de dados íntimos dos usuários, ou o tráfico destes dados com fins comerciais ou políticos, têm sido frequentes em plataformas conhecidas durante os últimos anos.

O **Sistema Interplanetários de Arquivos** ou *InterPlanetary File System* (**IPFS**) resolve esse problema. Neste sistema ao invés de acessar ao servidor, o usuário, desde sua terminal, solicita a informação a todos os nós que, descentralizadamente, a possuem. A grande vantagem deste sistema é que como a informação fica distribuída, esta não pode ser censurada nem o acesso a ela pode ser barrado.

Serviço de Nomes de Ethereum (ENS)

O sistema IPFS pode ser implementado através do chamado **Serviço de Nomes de Ethereum** ou *Ethereum Name Service* (**ENS**). Este serviço de ENS é o que as DNS são no protocolo TCP/IP. Neste protocolo de transferência de dados entre terminais, cada terminal é identificada por uma IP, ou seja, por um número de 4 octetos nada fácil de lembrar. Para então facilitar o uso, o Sistema de Nomes de Domínio ou *Domain Name Service* (DNS) permite associar um nome comum a uma IP.

De maneira análoga, o sistema ENS, portanto, associa um nome fácil de lembrar a uma chave pública da carteira de um usuário, que por sua vez pode ficar atrelada a um espaço de memória no sistema IPFS. Ou seja, o serviço ENS permite ao usuário dispor de um espaço *web*, que ademais de se tornar seu site pessoal, também seria sua carteira.

Antes de continuar nos adentrando no mundo do Ethereum é importante reparar em como, o sistema ENS depende do sistema IPFS, o qual, por sua vez, depende de um contrato inteligente, o qual depende da *blockchain* de Ethereum. Os protocolos finais são apenas possíveis graças a que existem os anteriores. Neste sentido, os protocolos de Ethereum emergem de maneira orgânica.

Organizações Autônomas

Descentralizadas (DAOs)

> "Não se pergunte o que uma DAO pode fazer por você. Pergunte-se o que você pode fazer pela DAO." Ryan Sean Adams

Devido mais uma vez à centralização, muitos usuários têm perdido a confiança nas instituições. Ditas instituições seriam de fato mais eficientes se não estivessem controladas por dirigentes, os quais, por serem pontos de falha, sempre são susceptíveis a subornos ou outros tipos de ataques.

Graças à *blockchain* de Ethereum, coletivos de indivíduos com propósitos em comum podem criar um conjunto de regras específicas e plasmá-las em um contrato inteligente, o qual executaria automaticamente, sem necessidade de supervisores, as ações já pré-determinadas no mesmo. Este tipo de organizações chamam-se de **Organizações Autônomas Descentralizadas** ou *Decentralized Autonomous Organizations* (**DAOs**) e sua criação tem se multiplicado nos últimos anos.

Ao contrário do que possa parecer, a maioria das DAOs não são organizações privadas ou fechadas. Elas são organizações públicas na *blockchain* de Ethereum, accesíveis a participantes ou colaboradores, caso estes compartilhem os mesmos objetivos.

As plataformas **Aragon** ou **MolochDAO** podem ser boas opções para o leitor criar sua própria DAO ou para coordenar um projeto e pedir financiamento caso tiver uma ideia original.

MakerDAO. Moedas estáveis

Uma das DAOs mais importantes é MakerDAO. MakerDAO é uma comunidade encarregada de manter e governar o protocolo Maker, o qual permite aos usuários criar uma criptomoeda chamada **DAI**, a partir de outras criptomoedas usando estas últimas como colateral.

O interessante da criptomoeda DAI é que ela é atrelada ao dólar. Este tipo de criptomoedas, na verdade *tokens* (vamos entender isso justamente no próximo apartado), que mantém sua paridade com alguma moeda fiat se denominam **moedas estáveis** ou *stable coins*. As moedas estáveis são muito importantes porque protegem aos usuários do mundo cripto dos episódios de forte volatilidade que às vezes sofrem as criptomoedas; volatilidade que, por outro lado, é natural devido à baixa capitalização que ainda possui este mercado.

As moedas estáveis também permitem aos usuários mais tradicionais sair do mundo fiat e entrar no mundo cripto, tirando proveito das suas vantagens, sem, por falta de confiança, ter exposição às criptomoedas.

DAIs, vaults e CDPs

O DAI é criado depositando uma criptomoeda ou *token* como colateral dentro de um tipo especial de contrato inteligente chamado de cofre ou *vault*. A estabilidade do DAI é feita através de um sistema de pesos e contrapesos baseado na lei da oferta e da demanda, com o intuito de atrelar seu preço ao preço do dólar (USD). Para isso, o protocolo Maker

implementou dois mecanismos: a taxa de estabilidade ou *stability fee* (SF), a qual incide na oferta de DAIs, e a chamada taxa de poupança do DAI ou *DAI Savings Rate* (DSR), a qual incide na demanda por DAIs.

Por exemplo, se o preço do DAI ficar por baixo de 1 USD torna-se necessário aumentar a oferta de DAIs no mercado para desvalorizá-lo. Para isso, a taxa de estabilidade é diminuída. Esta taxa de estabilidade seria a taxa anual que o usuário pagaria por cunhar DAI e estar usufruindo dele. Desta maneira, se a taxa de estabilidade for diminuída, o incentivo para cunhar DAIs aumentaria, o qual por sua vez faria aumentar a oferta de DAIs no mercado, o que levaria seu preço a cair frente ao dólar.

Já ao contrário, se o preço do DAI ficar por cima de 1 USD, a taxa de estabilidade seria aumentada, o qual incentivaria a liquidar empréstimos, ou seja, a destruir DAIs. Nesse caso, o contrato inteligente é encerrado, e para isso, os DAIs criados são entregues. A partir daí, o cofre é aberto, os DAIs entregues são destruídos e finalmente o colateral é resgatado. Essa "queima de DAIs" diminui logicamente sua oferta, o qual provocaria uma subida de seu preço frente ao dólar.

Estas cunhagens e queimas de DAIs através da taxa de estabilidade são, digamos, um ajuste grosso com o intuito de atingir fundamentalmente a oferta. Entretanto, pode ser usada também a *DAI Savings Rate* (DSR) para mexer na demanda, efetuando uma espécie de ajuste fino. De fato, se a DSR subir, os usuários seriam incentivados a estocar DAI em um contrato inteligente, o qual equivale, digamos, a depositar o DAI em uma conta poupança. Logicamente, se os juros por estocar DAI aumentarem, sua demanda também aumentaria, o qual provocaria uma subida de seu preço frente ao dólar. E ao contrário, se a DSR baixar, os incentivos por comprar DAI para poupar diminuiriam, diminuindo assim também sua demanda, o qual provocaria uma queda de seu preço frente ao dólar.

Observe-se como o funcionamento do DAI é bastante parecido aos mecanismos usados pelos bancos centrais, estudados no capítulo anterior. Lembre-se como, nas operações de mercado aberto os bancos centrais ficam com um colateral (títulos de dívida) em troca de dinheiro novo, o qual faz baixar a taxa básica de juros, desvalorizando o preço do dinheiro. Já no protocolo Maker, de maneira similar, ao depositar uma criptomoeda ou *token* como colateral se recebem DAIs, aumentando sua oferta, e portanto, levando a sua desvalorização.

A diferença, entretanto, entre um banco central e o protocolo Maker é que, pelas razões que estudamos no capítulo anterior, o primeiro tem uma tendência a desvalorizar continuamente o preço do dinheiro. Já o segundo, diretamente não, apesar de que, indiretamente, já que todas as moedas fiat são forçadas a sua desvalorização, o DAI, estará logicamente atrelado a tal desvalorização.

Do ponto de vista técnico, quando o DAI é cunhado, diz-se que usuário tomou uma **Posição de Débito Colateralizado** ou *Collateralized Debt Position* (**CDP**). Ou seja, o usuário possui uma dívida, os DAIs cunhados, a qual se encerra caso o colateral usado como garantia perca uma certa porcentagem do seu valor. Essa fração se chama porcentagem de liquidação (*liquidation ratio*) e o protocolo Maker a situa em 150%. Esta porcentagem de segurança determina efetivamente o preço de liquidação do CDP através da seguinte formula:

Preço_liquidação = DAI_cunhado * Porcentagem_liquidação / Quantidade_colateral

Podemos entender tudo mediante um exemplo. O preço atual de 1 ETH são aproximadamente 400 dólares, então suponhamos que 1 ETH = 400 DAIs. Poderíamos então usar 1 ETH como colateral para cunhar 400 DAIs. Mas se o fizermos estaríamos cunhando DAIs a partir do total, o 100% do ETH usado, e isso não é possível. Efetivamente devemos colocar no mínimo um 150% de colateral. Ou seja, como mínimo 1,5 vezes mais valor em ETH que valor em DAI. Por segurança, porém, o recomendável é escolher de 200% para cima. Então, supondo um 200% de colateral, podemos cunhar de maneira segura 200 DAIs deixando 1 ETH como depósito dentro do *vault*. Desta maneira, se o valor do ETH oscilar ao redor de 400 dólares o *vault* estará seguro. Entretanto, se esse valor cair por baixo de 300 dólares, que seria o preço de liquidação, dado pela fórmula anterior:

200 DAIs * 1,5 / 1 ETH = 300 DAIs = 300 USD

Então automaticamente se ativa o chamado processo de liquidação, através do qual o colateral do usuário é vendido com um desconto do 3% em troca de DAIs, os quais são usados para pagar a dívida. Além disso, o protocolo cobrará a chamada multa por liquidação, situada no 13% do total colateralizado. Com isso o contrato inteligente do *vault* é encerrado. O usuário então perde seu colateral, mas fica com os DAIs que ele tomou emprestados e que não foram devolvidos.

As posições de CPD podem parecer arriscadas, mas não o são desde que o usuário faça uma gestão adequada do seu *vault*, mantendo uma posição colateralizada de 200% ou 250% como mínimo. Desta maneira, gerenciando adequadamente esse risco, o usuário poderá usufruir perpetuamente de seus DAIs, os quais são uns dos principais tokens que abrem a porta a inúmeros protocolos financeiros descentralizados, alguns dos quais estudaremos na próxima seção.

Deste ponto de vista, já que gerenciando adequadamente esse risco a posição colateralizada pode ser perpétua, isto é, sem data de vencimento, poderíamos pensar que existe certa analogia com o funcionamento da custódia dos metais preciosos, estudada no capítulo III. De fato, a casa de custódia representaria o contrato inteligente, o ouro seria equivalente à criptomoeda usada como colateral e o certificado de depósito seria o DAI. A vantagem com o protocolo Maker é que tudo é feito através de um contrato inteligente e, sendo assim, não são necessários intermediários.

Esta analogia poderia resultar um tanto *naive*, porém, cada vez mais, a tendência é que o mercado use criptomoedas como o Bitcoin ou Ether como reservas de valor e, portanto, como os novos e sólidos alicerces da economia 3.0, da mesma maneira que o ouro segura o sistema financeiro mundial e os títulos de dívida seguram o sistema monetário. Em um futuro próximo, quem sabe, as únicas moedas que usaremos para realizar as compras do dia a dia sejam moedas estáveis, as quais tenham surgido através de depósitos colateralizados como o de Maker.

Tokenomics: Tokenização da economia

Reflitamos sob outro ponto de vista qual é a verdadeira

finalidade do DAI. O objetivo do DAI é usar um mecanismo descentralizado e automático para criar algo no mundo virtual, o próprio DAI, a partir de algo que existe no mundo físico, o dólar. Por trás desta ideia, completamente revolucionária, está o que se conhece como **tokenização**.

Com a tokenização qualquer bem ou, por incrível que pareça também qualquer serviço, pode ser convertido em um *token*. Desde uma casa, um carro, uma onça de ouro, o próprio Bitcoin ou um corte de cabelo do seu cabeleireiro de confiança, tudo pode ser tokenizado!

Um *token* é como se fosse uma ficha, ou seja, uma representação de algo com valor. Lembrando do capítulo III, o dinheiro representativo já foi usado ao longo da história. A ideia, portanto, não é totalmente nova, porém é de grande utilidade. Dentre outras vantagens, a tokenização de um ativo físico remove completamente as amarras e o grande atrito que existe na hora de intercambiar esses ativos dentro do mundo real. Se, por exemplo, uma casa for tokenizada, a troca de proprietário poderia se executar em questão de segundos, evitando com isso a enorme papelada e pesada burocracia estatal que dilata esse processo, demorando semanas ou até meses, além de contornar os grandes custos associados a esse tipo de trocas.

Tokenização dos serviços

Tokenizar bens ou ativos financeiros é uma ideia compreensível e razoável, mas tokenizar serviços pode resultar algo mais abstrato. Entendamos melhor como através de um exemplo.

Suponhamos que Albano e Beltrano são dois cantores que formam uma dupla sertaneja pouco conhecida. Então eles podem criar *tokens*, chamados $Albano_e_Beltrano, para ofertar seus serviços de tocar ao vivo. Desta maneira qualquer interessado poderia demandar esse *token* e trocá-lo em alguma data futura por esse serviço. Também, já que a dupla é pouco conhecida, qualquer outro usuário poderia vislumbrar potencial em ter esse *token* e dessa maneira poderá comprá-lo barato com a intenção de revendê-lo mais caro no futuro.

Este tipo de especulação, injustamente criticada por muitos, é, contudo, uma maneira eficiente que o mercado tem de incentivar empreendedores e de criar e dar a conhecer ideias boas. Sem especuladores que se arrisquem a investir seu capital em produtos ou serviços com potencial, porém pouco conhecidos, apenas haveria inovações.

Existem cada vez mais plataformas para tokenizar serviços. Recentemente foi criada a chamada Roll Network. A Roll Network é uma plataforma de economia social na qual qualquer usuário pode se registrar para tokenizar seus serviços. Contudo, a plataforma personaltokens.io provavelmente seja a mais usada.

Tokens fungíveis e tokens não-fungíveis (NFTs)

Em Solidity, a linguagem de programação da rede de Ethereum, é permitido criar contratos inteligentes com diferentes características. Para que um contrato inteligente se torne padrão, as propostas devem ser submetidas em forma de EIPs (*Ethereum Improvement Proposals*) e ser aprovadas pela comunidade. Estes contratos inteligentes padrão são chamados de ERC *(Ethereum Request for Comments)*. Por exemplo, para usar o serviço de ENS são necessários o ERC137 e o ERC162 dentre outros.

Existem muitos tipos de ERC, mas provavelmente os mais importantes são aqueles a partir dos quais podem ser criados *tokens*. Dentre eles, os dois mais conhecidos são o ERC20, a partir do qual são gerados os chamados **tokens fungíveis**, e o ERC721, a partir do qual são gerados os chamados **tokens não-fungíveis** ou *Non-Fungivel Tokens* (**NFTs**).

Os ERC20 são com diferença os mais usados, pois eles permitem criar *tokens* usando a *blockchain* de Ethereum. Os ERC20 propiciaram de fato o *boom* das *altcoins*; a maioria começando como *tokens* ERC20 para, em caso de sucesso, migrar para uma *blockchain* própria. Este tipo de contratos inteligentes ERC20 usam uma função chamada totalSupply(), que permite criar um determinado número de *tokens*, sendo todos iguais. Ou seja, dentro do mesmo contrato inteligente, não existe diferença entre um *token* e outro. Eis o conceito de fungibilidade. A fungibilidade implica que, por exemplo, uma moeda de um dólar é igual a qualquer outra moeda de um dólar, pois ambas possuem o mesmo poder de compra.

Ao contrário dos ERC20, que criam um *total supply* específico de um número finito *tokens* intercambiáveis, os contratos ERC721 permitem também criar um *total supply* específico, porém, de *tokens* diferentes. Com isso, os *tokens* que emergem do contrato ERC721, ou diretamente por abuso de linguagem, os *tokens* ERC721, representam itens únicos no mundo digital, daí seu nome de *tokens* não-fungíveis. Os

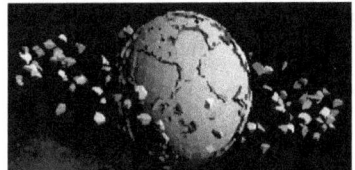
tokens ERC721, ou NFTs, são equivalentes a, por exemplo, um único quadro no mundo inteiro, feito por um pintor renomado, ou uma peça original de arte, feita pelo artista de moda.

Eis um exemplo de NFT. Lhes apresento a meu planeta, chamado 352993, único no 0xUniverse! Não é lindo?

Criptogatos

Um dos *tokens* não-fungíveis mais populares criados na rede de Ethereum, porém também mais polêmicos, foram os **criptogatos** ou *cryptokitties*. Cada usuário podia cruzar seus criptogatos e gerar outros criptogatos com novos atributos, ou *cat-tributes*, como a cor dos olhos, a forma da boca, a cor da pele, ... gerando assim novos criptogatos que poderiam ser ainda mais valorizados devido a sua unicidade ou raridade. Dessa maneira, o incentivo dos usuários para trocarem seus criptogatos, para posteriormente cruzá-los e procriar, era grande porque quanto mais único fosse um criptogato, maior era também a probabilidade de engendrar outro ainda mais raro que seus "pais", e portanto de maior valor. A ideia por trás é um tanto parecida com o funcionamento de nosso próprio sistema genético.

Este criptogato se chama Dragon e foi quem mais valor teve no mercado. Um usuário desconhecido chegou a pagar

 600 ETH por ele, o que equivalia a uns 170 000 dólares naquele ano de 2018. Seu preço continua hoje em dia em 600 ETH, ou seja, uns 220 000 dólares.

Ethereum 2.0

O jogo dos criptogatos se tornou massivo, capturando ao redor de 1,5 milhões de usuários do mundo inteiro. Dada essa quantidade inesperada de participantes, o jogo serviu para testar a capacidade de rede de Ethereum de transacionar através de contratos inteligentes. Entretanto, o resultado foi um completo fracasso. A receptividade pelo jogo foi tão grande que o *mempool* das transações da rede de Ethereum saturou, o que provocou um aumento radical do custo das transações. O castigo do mercado foi grande, fazendo o preço de Ethereum desabar mais de um 90% como consequência. O mercado tinha dado seu veredito: da maneira em que foi construído, Ethereum não era uma plataforma adequada para suportar o futuro dos aplicativos descentralizados.

Entretanto, a comunidade de Ethereum não desistiu. Havia que baixar o custo das taxas de transação e para isso não restava outra opção: usar um sistema de *blockchain* diferente do *Proof of Work*. A nova proposta, a qual está prevista para seu lançamento a partir da segunda metade deste ano de 2020 será usar outro sistema chamado *Proof of Stake*, com o qual espera-se um barateamento das transações. A continuidade do Ethereum e seu grande potencial depende do sucesso de sua nova versão: **Ethereum 2.0.**

Proof of stake (PoS)

O *Proof of Stake* (PoS), ou prova de participação, é um tipo de algoritmo de consenso distribuído de *blockchain* que não precisa de mineradores. No algoritmo de PoS os criadores de cada bloco são escolhidos aleatoriamente dentre o *pool* de nós que possuam uma porcentagem de criptomoedas específicas da rede; o chamado **stake**, o qual, especificamente para Ethereum, será de múltiplos de 32 ETH. Essa chance de ser o escolhido será maior quanto maior for o *stake* de criptomoedas. O nó escolhido, chamado de validador, confere as transações e fecha o bloco, recebendo sua recompensa por isso. Já se o nó selecionado não estiver on-line ou se encontrar inativo, ele será punido por não estar validando blocos, perdendo parte do seu *stake*. Neste sentido é como se ele estivesse faltado ao trabalho.

O algoritmo de PoS oferece a vantagem de ser mais eficiente do ponto de vista energético, e portanto, bastante mais rápido, escalável e barato no custo das transações, quando comparado com o algoritmo de PoW. Contudo, como já estudamos no trilema da *blockchain*, a desvantagem, é que a essa *blockchain* baseada em PoS provavelmente se torne menos segura.

Não sabemos se com esta mudança o Ethereum 2.0 será ou não um sucesso. O único que parece claro é que ele não tem outra saída.

FINANÇAS

Finanças descentralizadas (DeFi)

O entorno programável de Ethereum permite servir de base para construir protocolos descentralizados, sendo os chamados **DeFi (Decentralized Finance)** uns dos mais populares e interessantes. Os protocolos DeFi se caracterizam por utilizar contratos inteligentes que atuam como intermediários entre o usuário (seus *tokens*) e a plataforma específica que oferece o serviço financeiro; serviços como emprestar ou pedir emprestados *tokens*. Esse contrato inteligente é assinado pelo usuário, através de suas chaves privadas, quem detém o poder de cancelar o mesmo a qualquer momento. Dessa maneira, é o contrato inteligente controlado pelo usuário, e não a plataforma, quem detém a custódia dos *tokens*.

A ideia por trás dos protocolos de DeFi é, novamente, matematizar a confiança. Graças a estes protocolos, os usuários podem realizar suas trocas voluntárias sem necessidades de terceiros, ou seja, sem necessidade de custodiantes, de *exchanges*, de seguradoras, de assessores de investimento e, principalmente, sem necessidade de agências bancárias.

A remoção dos intermediários não é um acontecimento repentino, se não um processo de auto-organização da economia, na sua incessante procura por tornar-se mais eficiente. Antes de continuar, é interessante abrir um pequeno parêntese para entender este processo natural de auto-organização e os *trade-offs*, tristes, porém necessários, como já estudamos no capítulo I, que são sacrificados no processo de aprimoramento.

Da Web 1.0 para a Web 3.0

Entendamos então como a economia foi se tornando cada vez mais eficiente, principalmente desde a criação da internet. A primeira onda foi a chamada Web 1.0. A Web 1.0 veio com o início da internet, trazendo websites e serviços estáticos como Hotmail, Netscape, Napster, Myspace, Altavista ou Yahoo. A Web 1.0 acabou com os jornais impressos em papel, com as enciclopédias, com o envio de cartas, com as locadoras de vídeo, com lojas de CDs de música, com muitas discográficas e com muitas operadoras de turismo.

Já a Web 2.0 trouxe inúmeros sites e apps interativos como Facebook, Twitter, WhatsApp, YouTube, Netflix, Amazon ou Uber. A Web 2.0 ainda está revolucionando as comunicações e os transportes. Especificamente, através dos aplicativos de carona, a Web 2.0 está ameaçando a continuidade do negócio dos táxis e as empresas de ônibus, e provavelmente acabe com as cadeias de TV analógicas e com as operadoras de telefonia.

O passo final desta evolução será a economia 3.0, a qual usa como base a *web* descentralizada ou Web 3.0, onde as criptomoedas oferecem seu potencial descentralizador para criar produtos financeiros disruptivos. A Web 3.0 transformará os serviços de advocacia e acabará com os cartórios, com os bancos e talvez ainda com governos se eles não se tornarem mais eficientes.

Assim, desta maneira, em um processo inevitável, gostando ou não, a força natural do livre mercado removerá os intermediários por estes se tornarem desnecessários. E por quê? Porque os entraves colocados por estes intermediários se tornaram pesados demais, dificultando as trocas voluntárias entre os indivíduos.

As finanças descentralizadas representam uma grande ameaça para o sistema financeiro atual, o qual não se renova desde a revolução industrial. Muitos setores se converterão nos *trade-offs* da economia 3.0 e reagirão contra esta ameaça. Mas será em vão. Como já explicamos, na sua procura pela maior eficiência, a Natureza é categórica e perseverante, e se colocarem entraves contra ela, é questão de tempo que ela mesma procure outra via de escape no seu incansável objetivo de eliminar setores ineficientes. Não adianta lutar contra a Natureza no seu poder de, especificamente, auto-organizar a economia. Um terremoto, um dilúvio, uma avalanche ou um tsunami são poderes indômitos, infinitamente mais fortes que os indivíduos. Por isso, ao invés de ir contra a Natureza, o único que resta é aceitar a mudança e se preparar para recebê-la.

Fechamos aqui este pequeno parêntese e continuamos conhecendo as inúmeras possibilidades que oferecem as finanças descentralizadas. Continuemos então com essa preparação!

Pools de liquidez

Uma das mais brilhantes ideias no ambiente de tokenização no marco dos contratos inteligentes dentro da Ethereum foi incentivar aos detentores de *tokens* para participarem nos chamados **pools de liquidez**. Os *pools* de liquidez, como **Uniswap, Curve ou Kyber Network**, são como uns grandes armazéns varejistas virtuais onde os usuários podem a qualquer momento, e de maneira instantânea, trocar (*swap*) seus *tokens* entre eles.

Para participar num *pool* de liquidez é necessário algum tipo de incentivo, pois do contrário, sem incentivos, os detentores de *tokens* não os moveriam da sua carteira. Para efetivar tal participação o detentor deve enviar ao *pool* (para ser mais exatos, depositar no contrato inteligente do *pool*) uma dupla de *tokens* na mesma proporção. Por exemplo, 1 ETH e 400 DAI, pois este é aproximadamente o preço atual de ETH em dólares. Deste modo, o detentor, agora prestamista e fornecedor de liquidez (**liquidity provider**), recebe em troca uma quantidade de *pool tokens* relativa a sua participação no *pool*. Esses *pool tokens* representam o atestado do empréstimo a esse *pool* de liquidez, quem agora atuaria como prestatário. O interessante desses *pool tokens* é que toda troca realizada por outros usuários dentro desse pool será taxada por uma pequena comissão, ao redor do 0.3% do valor da troca, a qual poderá ser reclamada pelos fornecedores de liquidez futuramente. De esta manera, em qualquer momento, o prestamista pode encerrar o acordo entregando seus *pools tokens* ao contrato inteligente, o qual os destrui e envia a este sua dupla de *tokens* original alem dos ganhos proporcionais por ter contribuido ao *pool*.

Tornar-se um fornecedor de liquidez é portanto uma ótima estratégia, já que o participante é recompensando com uma comissão ou ainda com algum token próprio da plataforma. Esta segunda possibilidade, ou as duas conjuntamente, são cada vez mais usadas pelos pools para assim incentivar mais ainda a participação. Este incentivo extra é às vezes fundamental para dar a luz a um pool e deixá-lo em funcionamento por si só (*pool bootstrapping*). Já que, do ponto de vista do usuário, tal participação equivale a plantar uma semente e recolher posteriormente a colheita, ou seja, os rendimentos desta em forma desse token próprio, este tipo de estratégia foi denominada com o meme de **Yield Farming**.

Do ponto de vista do *pool*, o *Yield Farming* é também uma maneira de crescer, se dar a conhecer e ainda se abrir à descentralização, pois habitualmente os desenvolvedores abrem mão de grande parte das decisões em favor dos detentores destes *tokens* próprios, os quais passam a votar por tais decisões no seu lugar. É por isso que frequentemente esses tokens próprios acabam se tornando **tokens de governança**.

Participar em um *pool* e ganhar comissões e ainda *tokens* de governança é sem dúvida um grande incentivo. Entretanto, o usuário deve agir com cautela para ter uma mínima exposição à chamada perda transitória ou **impermanet loss**, pois, devido às trocas feitas pelos usuários, a quantidade relativa de *tokens* dentro do *pool* irá oscilar no tempo. De esta maneira, pode acontecer que, ao se retirar do *pool*, o participante acabe com uma dupla de *tokens* em proporção diferente da qual entrou, passando assim de uma perda transitória, ou potencial, a uma perda permanente ou irreversível.

Pools de liquidez como Curve minimizam o risco de perda transitória ao sugerir oferecer liquidez para *pools* de *tokens* similares (por exemplo, *pools* de diferentes *stable coins* ou de diferentes Bitcoin tokenizados). Já esse risco é maior para outros *pools* como Uniswap. Entretanto, provavelmente por isso, o próprio protocolo de Uniswap irá lançar proximamente sua versão 3, na qual o fornecedor de liquidez escolherá o intervalo máximo de exposição à mudança relativa de um *token* frente a outro.

A ideia de participar num *pool* em diferentes faixas relativas de preço e que cada usuário escolha sua própria estratégia de participação em função do risco a tal perda transitória é muito original. Já que se estima que essas participações acabem se agrupando ao redor de uma estratégia ótima, gerando assim uma liquidez concentrada, tal inovação poderia ainda diminuir o efeito do chamado **deslizamento** ou *slippage*, que seria a diferença, em porcentagem, entre o preço negociado pelo *token* e o preço final, a qual pode ser muito amplo, sobre tudo quando as quantidades a negociar são grandes.

Tudo parecem vantagens com este novo método. Entretanto, o *trade-off* de essa nova versão é que o *pool* não emitirá mais *pool tokens*, os quais eram iguais para todos os contribuintes e, portanto, facilmente intercambiáveis. Se essa inovação tiver sucesso, os fornecedores de liquidez terão *liquidity-pool-NFTs*, ou **LP-NFTs**, ao invés de *pool tokens* fungíveis, e cada um destes *LP-NFTs* representará uma estratégia particular de fornecimento de liquidez. Em qualquer caso, como habitualmente acontece em muitos protocolos de DeFi, versões novas complementam e não suplementam às anteriores e, portanto, versões antigas continuam sendo usadas.

Empréstimos descentralizados

Existem vários *pool* de liquidez que também atuam como **plataformas de empréstimos** (Compound, Aave, dY/dX, DDEX, ...). Como o funcionamento é parecido, descreveremos apenas o primeiro. **Compound** é um protocolo mercantil dentro do ambiente de Ethereum que permite aos usuários tanto emprestar seus *tokens* quanto pedir empréstimos desde que o usuário ofereça algum outro *token* como colateral.

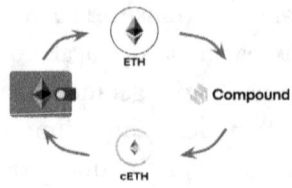
Por um lado, o usuário pode usar a plataforma Compound para participar com seus *tokens* no *pool* de empréstimos. Ao concordar, o usuário recebe de volta um *token* nativo da plataforma, cujo nome vai depender do *token* que foi enviado. Para ter uma ideia, se o usuário enviou ETH ao *pool*, o protocolo devolverá um *token* chamado cETH, o qual coleta os ganhos por participipar no *pool* da maneira parecida a como foi explicada anteriormente.

Por outro lado, a plataforma Compound também pode ser usada pelos usuários para que

estes peçam empréstimos como se de um banco se tratasse. A diferença é que num banco, o usuário precisa de uma garantia, que habitualmente está atrelada a seu contrato de trabalho, enquanto que na plataforma Compound a garantia, ou o colateral, devem ser *tokens* que tenham um valor superior ao 150% do empréstimo que for pedido para assim diminuir o risco de inadimplência.

Exchanges descentralizadas (DEXes)

Os *pool* de liquidez não só tornam aos usuários partes ativas do ecossistema de tokenização, ao invés de partes passivas, mas também garantem que a troca dos *tokens* dentro desse ecossistema seja rápida, efetiva, segura e descentralizada. De fato, um dos maiores receios por parte dos usuários na hora de realizar trocas é que não haja liquidez de um determinado item, pois se um produto escasseia no *pool*, o usuário pode ser reticente a comprá-lo por receio a não poder trocá-lo de volta algum dia.

A inovação introduzida pelos *pool* de liquidez vai ainda mais além, pois através deles, plataformas ordinárias de câmbio de *tokens*, que até agora eram centralizadas, poderão se abrir à descentralização. Esse passo para uma maior descentralização é necessário, pois de nada adianta sair de um sistema centralizado como o bancário para acabar em outro sistema centralizado como são hoje em dia as *exchanges* de criptomoedas. Como sabemos, os sistemas centralizados são bastante susceptíveis a falhas sistêmicas. Uma dessas falhas foi de fato o famoso hackeo da *exchange* japonesa MtGox em 2014, praticamente a única na época, e a qual levou a seus clientes a perder todos seus bitcoins custodiados na plataforma.

Graças então aos *pool* de liquidez, podem se construir as chamadas **exchanges descentralizadas** ou *decentralized exchanges* (**DEXes**), as quais emergem para evitar problemas como o acontecido com MtGox. A interação do usuário com uma DEX é feita através de contratos inteligentes, os quais eliminam todos os intermediários envolvidos na troca de *tokens*. Ou dito de outro modo, uma DEX não custodia os *tokens* dos usuários.

Agentes automáticos de mercado

Alguns protocolos de DeFi, dY/dX por exemplo, conseguiram se tornar uma DEX evitando a custódia dos *tokens* e automatizando o algoritmo tradicional do **livro de**

ordens ou *order book*, que é como funciona qualquer exchange centralizada. Porém, a maioria das DEXes em DeFi, e particularmente também os *pools* de liquidez, implementaram um algoritmo denominado AMM (*Automated Market Maker*), mediante o qual o preço é formado por **agentes automáticos de mercado**.

Dentro do algoritmo de AMM existem, por sua vez, várias possibilidades. Uma das opções tradicionais é conhecida como o "Agente de Mercado de Função Constante". Por exemplo, se um usuário utiliza o *pool* para trocar seu *token* A por outro B, então o algoritmo detecta um aumento no *pool* da oferta de A e uma diminuição na oferta de B e, automaticamente, em consequência, eleva o preço do B de maneira relativa ao preço de A, já que o primeiro se tornou mais escasso em relação ao segundo.

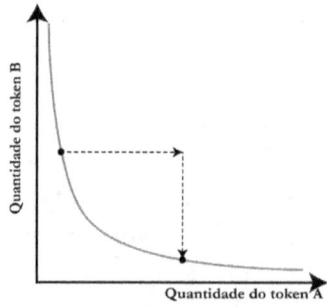

Nos algoritmos de Agentes de Mercado de Função Constante, usados nas exchanges descentralizadas, o valor de um *token* A, relativo a outro B, está atrelado à quantidade do *token* A relativa ao *token* B. Quando um *token* é trocado por outro, o próprio algoritmo determina automaticamente tal preço em função das quantidades relativas de cada *token*.

O importante deste tipo de mecanismo de função constante (Quantidade de A * Quantidade de B = constante) é que, como a função não corta nenhum dos eixos, a liquidez está teoricamente garantida.

Como vemos uma DEX funciona de maneira simples, de maneira razoável e de maneira automática, sem precisar de intermediários. Também de maneira aberta, pois habitualmente o código fonte de qualquer plataforma DEX fica à disposição para quem quiser avaliar.

Tokens sintéticos

Outra opção dentro das finanças descentralizadas, ao invés de negociar ativos dentro de uma DEX, seria negociar os chamados derivados desses ativos. Uma das plataformas mais populares para negociar derivados é **Synthetix**. Em Synthetix o usuário pode comprar e negociar os chamados **tokens sintéticos**, os quais, através de oráculos, estão atrelados ao valor do *token,* ou do ativo físico, no mundo real.

Os *tokens* sintéticos no mundo virtual são o equivalente aos derivados tradicionais no mundo físico das finanças. Entendamos melhor com um exemplo. Suponhamos que um usuário goste do Bitcoin, mas não deseja passar pelo sufoco de ter que efetivar o KYC para abrir cadastro numa *exchange* e tampouco deseja se preocupar com a custódia das chaves privadas. Nesse caso, uma boa opção para ele é comprar um derivado, ou no mundo tokenizado, um Bitcoin sintético. Desta maneira, o usuário troca seu *token* ou criptomoeda inicial, por exemplo ETH, por bitcoins sintéticos. A plataforma Synthetix cunha de fato estes bitcoins sintéticos, chamados de sBTC.

Plataformas como Synthetix abrem a possibilidade da tokenização de muitos ativos físicos. De fato, desde sua última atualização, em março de 2020, podem ser adquiridos derivados de índices do mercado de bolsa ou de *commodities* como o ouro.

Outras plataformas descentralizadas permitem também negociar outros tipos de derivados financeiros como opções

(Opium), futuros (Futureswap) ou ainda apostas gerais (Augur, Polymarket) ou realizar predições (Erasure).

APLICATIVOS DESCENTRALIZADOS (DAPPS)

Tribunal descentralizado

A tendência da economia é a se tornar mesmo cada vez mais descentralizada. Todas as transações serão automáticas, mas já que no fim de contas são as pessoas, e não as máquinas, quem efetivam transações, em função das suas necessidades e desejos, que aconteceria se um contrato inteligente não satisfaz as partes assinantes?

Por exemplo, que aconteceria se, suponhamos, uma futura Amazon descentralizada não entregasse para o cliente a mercadoria com a qualidade anunciada?  Ou como proceder caso um usuário de uma suposta Airbnb descentralizada reclamasse que o apartamento alugado não corresponde com aquele mostrado nas fotos? Aqui é onde entra **Kleros**.

Kleros é um **tribunal descentralizado** que surge com o intuito de arbitrar disputas que possam acontecer entre quem oferta e quem demanda. Para resolver tais disputas Kleros usa um sistema *crowdsource* de jurados. Enquanto o contrato inteligente que assinaram ofertante e demandante, sob a tutela de Kleros, fica bloqueado à petição deste último, o corpo de jurados considera as evidências e resolve o litígio. O sistema de incentivos para resolver disputas é tal que o jurado que tenta dar seu veredito contra as evidências perde reputação em forma de *tokens*. Uma vez resolvida a disputa, a cláusula do contrato inteligente é acionada e os *tokens* presos são liberados para o ofertante do bem ou serviço, ou são devolvidos para o demandante se for o caso.

Arte digital programável

Já pensaste alguma vez num quadro de parede cuja pintura cambiasse em função da hora do dia? Ou um *wallpaper* na área de trabalho do seu computador que mudasse dependendo das boas ou más notícias dos jornais?

Dentro do mundo dos *tokens* não-fungíveis, os *tokens* de **arte digital programável** são, sem dúvida, uns dos mais apaixonantes. Como se fossem peças de arte tradicional, pelas quais

os colecionistas pagariam altas quantidades de dinheiro por serem feitas por artistas únicos, os *tokens* não-fungíveis de arte digital também são feitas por artistas, só que digitais, e cujo proprietário também é único no mundo inteiro.

Os *tokens* de arte digital estão feitos por camadas, as quais se ativam dependendo das funcionalidades estabelecidas no contrato inteligente do *token*. Estas funcionalidades podem ser internas, ou externas, caso precisem ser alimentadas do mundo exterior através de oráculos.

Como já foi visto, os *tokens* de arte digital são *tokens* NFT e portanto eles não podem ser trocados em *pools* ou em DEXes. Para isso, devem ser usadas plataformas alternativas como Superrare, Async.art ou Opensea.

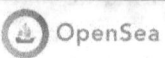

Decentraland

Final de semana chegou! Mas o tempo aí fora está horrível. Não dá para sair de casa. O que fazer então? Uma opção alternativa e diferente seria colocar os óculos VR e dar um passeio por Decentraland!

Cynthia
I love building and sharing scenes in Decentraland. When I'm not busy decorating LAND, I like to play games and hang out in the districts!

Decentraland é um mundo virtual, criado pelo DecentralandDAO, onde cada usuário pode montar seu próprio avatar, com seu próprio ID, e ainda comprar um lote virtual para construir literalmente qualquer coisa. A imaginação é o limite. Em Decentraland podemos, por exemplo, caminhar por paisagens de fantasia, ou ir de lojas, ou assistir uma sessão de cinema, ou participar de uma reunião de trabalho com outros avatares, ou mesmo entrar em um museu e comprar a peça de arte digital que estávamos procurando.

Uma loteria sem perdedores

A vida não é fácil não. Até comprar um lote em Decentraland se tornou caro demais. Bom, sempre podemos jogar a loteria e esperar ganhar. Na verdade, as finanças descentralizadas oferecem uma possibilidade ainda melhor que essa. Que tal jogar uma loteria toda semana sem perder o dinheiro investido?

PoolTogether é uma dapp que oferece um serviço de *no-loss lottery*. Para isso, o usuário apenas precisa comprar tickets com DAI e aguardar até sexta-feira para ver se se tornou o ganhador. O prêmio é construído a partir da coleta dos DAIs de todos os participantes, que posteriormente são depositados na plataforma Compound,  dentro da qual esses DAIs vão rendendo juros durante a semana toda; juros com os quais se paga ao ganhador.

PoolTogether é outra das grandes ideias no mundo DeFi. Na sua última atualização até é permitido fazer vaquinhas!

Componibilidade

Resulta interessante reparar como as dapps se sobrepõem dentro do ecossistema de Ethereum como se fossem as peças de um jogo de lego. Este efeito é o que se conhece como **componibilidade** (*composability*) ou composição modular.

Por exemplo, passeando por Decentraland, um usuário pode encontrar uma casa de apostas, onde, através da plataforma Augur, poderá apostar quem ganhará a próxima

Copa Libertadores. O resultado do jogo será confirmado por oráculos através de protocolos como, por exemplo, Chainlink, e caso ganhar, o usuário receberá sua recompensa em DAIs, criados através do protocolo Maker, para o qual alguém teve que depositar Ether como colateral, os quais foram criados por meio da *blockchain* de Ethereum.

O potencial destas composições modulares são as que fazem de Ethereum a base do que pode ser o futuro mundial das finanças descentralizadas.

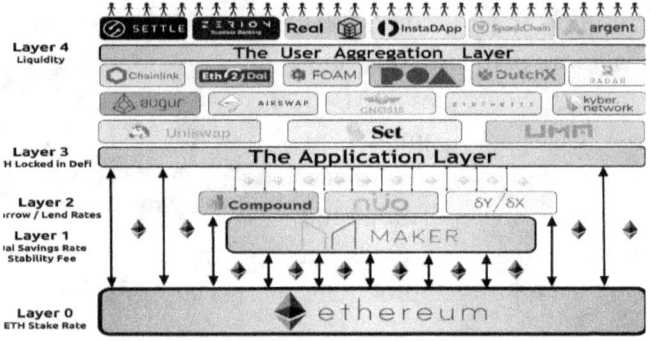

Fonte: "Ethereum: The Digital Finance Stack" David Hoffman

Aposentadoria descentralizada

A ideia é bastante nova e ainda funciona na versão alpha, mas, na linha do PoolTogether, tem se desenvolvido um protocolo chamado Pensify, criado por Akropolis, o qual oferece aos usuários a possibilidade de que estes optem por começar a construir seu próprio **fundo de pensão descentralizado.**

A ideia é que o usuário interessado deposite DAIs à vontade, os quais serão investidos em Sparta, o próprio protocolo de empréstimos de Akropolis, ou em outro similar, para que esse capital investido fique rendendo juros durante toda a vida laboral do usuário.

Ao contrário do que possa parecer, o risco de ter uma aposentadoria descentralizada é bastante menor que os atuais fundos de pensões privados. Estes fundos de pensão estão de fato ante um sério perigo de não devolver a pensão a seus clientes quando estes a necessitarem porque os ganhos tanto no mercado de renda variável, na bolsa, quanto no mercado de renda fixa, os títulos de dívida, são cada vez mais limitados, o que está levando a estes fundos a tomarem maiores riscos. Infelizmente, os fundos de pensão atuais se tornaram uma bomba de relógio que pode se ativar a qualquer dia, mais ainda dentro do atual cenário de crise econômica no qual vivemos.

Participação e colaboração. Bounties

Muitos cépticos podem achar uma loucura deixar as poupanças de sua vida sob o controle de dapps, ou seja, sem a supervisão de seu agente bancário ou de seu assessor financeiro. Existe verdadeiramente esse risco?

Quando um grupo pequeno de desenvolvedores têm a ideia de criar uma determinada dapp para atender um nicho de mercado particular, eles podem requisitar a ajuda de novos desenvolvedores ou ainda de DAOs especializadas. Além disso, uma vez que o código fonte está completo, é habitual torná-lo público e lançar uma campanha de recompensas (*bounties*) para aquele que consiga detectar *bugs* no mesmo.

Esta nova forma de interação econômica, na essência da

economia 3.0, considera fundamental a **participação** e a **colaboração** entre os indivíduos. De fato, esta nova maneira de interagir impulsionou inúmeras plataformas (**Gitcoin, Bounties.network**) onde demandantes de serviços e ofertantes se encontram e formam seus acordos, contratos inteligentes num futuro próximo, os quais fornecem a confiança que as partes necessitam para negociar. Um novo ecossistema de *freelancers*, especialistas em tópicos específicos, tem emergido na procura por recompensas em troca de trabalhos temporários, mas que oferecem a possibilidade de dispor de uma agenda livre e flexível.

Seguradoras

Mesmo que o usuário desconfie de determinadas dapps, o próprio mercado, atendendo à necessidade dos consumidores, já criou uma solução.

A **Nexus Mutual** é uma plataforma aberta onde os membros fornecem liquidez (em ETH) a um *pool* compartilhado com o intuito de mutualizar o risco dos clientes que solicitem cobertura, **segurando** estes ante eventuais falhas. Em troca, os membros ganham NXM, um *token* nativo da plataforma. O protocolo da Nexus Mutual avalia o risco do contrato inteligente, o qual o interessado irá assinar com outra plataforma, e cobra uma determinada quantidade em função desse risco. Dentro desta avaliação, a plataforma estuda se o contrato inteligente é ou não de código aberto, ou se ele já foi auditado ou se ele dispõe de um programa de *bounties* para encontrar *bugs* no código fonte.

Do mesmo jeito que atua o PoolTogether ou outros *pools* de liquidez, o dinheiro estocado no *pool* da Nexus é investido em outras plataformas financeiras como Compound para assim render juros. Os ganhos do *pool* são posteriormente usados para acobertar aos segurados quando o *smart contract cover* que estes assinaram com a Nexus for acionado.

Educação descentralizada (DeEd)

Como já foi introduzido na tokenização, as finanças descentralizadas não só atingem as trocas de bens, mas também as trocas de serviços. Outro claro exemplo disto são os protocolos de **educação descentralizada** ou *decentralized education* (DeEd).

DeEd é de fato o nome de uma plataforma de educação descentralizada que permite que qualquer usuário crie uma universidade. Para isso, o criador oferta os cursos e os estudantes interessados os escolhem, depositando em troca uma certa quantidade de DAIs, os quais são enviados a algum *pool* para ficar rendendo. Durante o curso, o estudante deve se submeter a provas para testar seu conhecimento. Os estudantes que reprovam definitivamente não receberão de volta os DAIs que depositaram, e ao contrário, os estudantes que aprovam são premiados recebendo descontos, ou participando nos juros do capital investido, ou ainda são avaliados com a possibilidade de se tornarem propriamente professores no futuro. Por outro lado, os professores se encarregam de criar conteúdo e avaliar aos estudantes, recebendo uma porção dos juros gerados pelos depósitos dos estudantes.

Redes sociais descentralizadas

Plataformas centralizadas, com donos, como Facebook ou Twitter usam toda a informação dos usuários e a informação das suas publicações em benefício próprio. Essas informações, como de fato já aconteceu com Facebook, podem ser vendidas a empresas que as usam para fins comerciais ou políticos. Eis, mais uma vez, o problema de centralização, nesse caso, no contexto da Web 2.0.

No entanto, a Web 3.0, novamente, resolve problemas como este. Por exemplo, a **rede social descentralizada Peepeth** usa contratos inteligentes para armazenar todos os dados do usuário e todos seus *peeps* (o equivalente aos *tweets*) em um sistema de armazenagem descentralizado (o sistema IPFS) dentro da *blockchain* de Ethereum. Dessa maneira, apenas o usuário, é o único detentor de seus próprios dados.

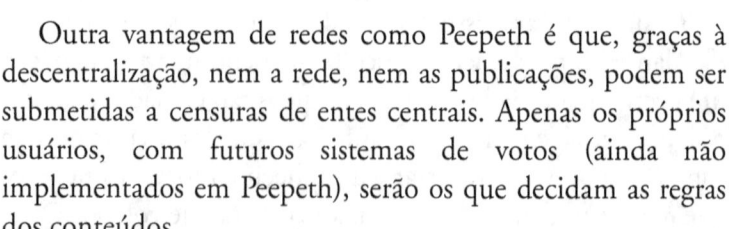

Outra vantagem de redes como Peepeth é que, graças à descentralização, nem a rede, nem as publicações, podem ser submetidas a censuras de entes centrais. Apenas os próprios usuários, com futuros sistemas de votos (ainda não implementados em Peepeth), serão os que decidam as regras dos conteúdos.

Carteiras de tokens

Compound, Uniswap, PoolTogether, Maker, ... que confusão toda! Sim, é muita informação mesmo e muito dispersa.

Mas há uma forma de ter toda essa informação agrupada, permitindo um fácil e rápido acesso sem ter que ir entrando nos sites dessas apps um por um. Para isso, uma possibilidade é instalar uma **carteira de tokens** ou carteira web3. Existem várias possibilidades, mas provavelmente a mais conhecida e popular é **Metamask**. Metamask é uma carteira que pode ser baixada e instalada no celular ou no seu computador através de uma extensão no seu navegador habitual de internet.

Como sabemos, uma carteira é uma interfase entre o usuário e a *blockchain*, neste caso de Ethereum, que permite além de consultar o saldo dos *tokens* (os *tokens* fungíveis e também os não-fungíveis), transferir *tokens* para outro usuário ou recebê-los de um terceiro. Como já avisamos várias vezes, não esqueça gestionar adequadamente as chaves privadas.

Carteiras e painéis de controle DeFi

Outra opção recomendada é instalar uma **carteira** específica para **DeFi**. Também existem muitas opções, mas talvez **Argent** e **Dharma** são as mais usadas hoje em dia no celular.

Já para o computador está se tornando habitual usar os chamados **painéis de controle** ou *dashboards*, através dos quais o usuário tem acesso a todos seus investimentos em Defi. Existem muitas opções, mas plataformas como **Zapper**,

Defisaver ou **InstaDapp** são ótimas para isso.

Outro aspecto interessante é que, no caso da carteira Argent, ela incorpora um sistema de ENS da maneira que o usuário poderá associar um nome comum, como seu próprio nome, a seu endereço de carteira. Desta maneira, o usuário terá um endereço de *tokens* familiar e fácil de lembrar.

Protocolos privados dentro de blockchains públicas

Como vemos, a capacidade da rede de Ethereum de criar um entorno descentralizado está provocando uma revolução ao nível de usuário. Porém, graças à implementação do protocolo **Baseline**, a revolução pode se tornar ainda maior, atingindo o nível de empresas.

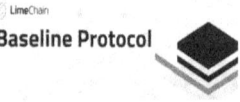

Um dos grandes problemas que as empresas enfrentam hoje em dia é de fato a grande despesa de usar sistemas de gestão integrada do tipo ERP (*Enterprise Resource Planning*) e CRM (*Customer Relationship Manager*), e a enorme perda de tempo em ter que lidar com eles. Para entender isto, basta pensar na quantidade de dinheiro que certas empresas, geralmente as de capital público, tem que gastar em contratar auditorias para estas mostrarem aos clientes uma contabilidade confiável.

Para diminuir esse grande atrito, recentemente tem se

criado o protocolo Baseline, o qual permite a **empresas privadas usarem a** *blockchain* **pública** de Ethereum. A ideia por trás deste protocolo é armazenar todas as transações dos clientes da empresa (por exemplo, todos os recibos) na *blockchain* de Ethereum e usar uma camada de privacidade intermédia de maneira que apenas a empresa particular possa ter acesso a essa informação. Sendo assim, além da empresa ter todos seus dados armazenados em lugar seguro, eles estarão, digamos, numa rede standard, a rede de Ethereum, através da qual outras empresas poderão se comunicar e intercambiar dados, criando assim um ambiente universal de comunicação corporativa.

Recentemente, inclusive, foi anunciado que o mesmo protocolo Baseline será usado para conectar plataformas diferentes, porém com funcionalidades parecidas, como Microsoft Office e Google Suite.

PRESENTE E FUTURO DO DINHEIRO PROGRAMÁVEL

Finanças descentralizadas ou finanças abertas?

Como vimos na seção anterior, as possibilidades que a descentralização e o dinheiro programável oferecem ao mercado são infinitas. A alocação de capital em DeFi não para de fato de crescer. Entretanto, essa progressão não é em linha reta, se não cheia de altos e baixos. O mercado se auto-organiza por si só e nesse processo ele inova, erra e aprende dos erros. Isso mesmo aconteceu também no mundo DeFi quando, após disparar em número de usuários e em capitalização durante o ano de 2019, algumas das suas dapps acabaram sendo hackeadas no começo de 2020, aproveitando vulnerabilidades específicas associadas aos oráculos ou aos novos padrões ERC, os quais foram pouco testados.

Em alguns destes casos, o funcionamento do protocolo foi interrompido pelos desenvolvedores destas dapps usando a chamada chave de administrador ou *admin key*. Este detalhe, embora sempre esteve público no código fonte, e a pesar de ter salvado aos usuários de perdas maiores, não deixou boa sensação na comunidade. Como que umas finanças, que se fazem chamar descentralizadas, no fundo estão realmente centralizadas, estando sob o controle total de um administrador?

Infelizmente, o futuro do DeFi se enfrenta a uma dicotomia, análoga ao problema dos oráculos: criar dapps completamente descentralizadas, porém não tão seguras (**Decentralized Finance** ou DeFi) ou criar dapps completamente seguras, porém não tão descentralizadas (**Open Finance** ou OpFi). O debate está aberto, mas em última instância será o próprio mercado quem escolha o melhor caminho. Os dois caminhos, a gosto do consumidor, pode até ser o mais provável.

Bitcoin ou Ether?

Depois de ter entendido o Bitcoin e o Ethereum, cabe a pergunta: qual é então melhor? A resposta, porém, não faz muito sentido, pois os dois têm propriedades e usos diferentes.

Revisando os conceitos sobre o significado do dinheiro, estudados no capítulo II, vemos que tanto o Bitcoin quanto o Ether satisfazem os requisitos de ser durável, ser fungível, ter valor intrínseco, ser divisível e ser escasso. Entretanto, neste último quesito encontramos algumas diferenças. Como vimos, graças aos *halvings*, a cunhagem do Bitcoin é cada vez menor com o tempo e quando todos os que restam sejam minerados, lá para maio do ano 2140, a cunhagem será encerrada para sempre. A partir desse momento se estima que a quantidade de Bitcoin circulante irá diminuindo com o tempo, pois alguns deles acabarão sendo perdidos permanentemente devido a:

1. Perda das chaves privadas.

2. Falecimento dos possuidores de Bitcoin, que não transmitiram sua herança.

3. Envios a carteiras "mortas".

Isso representará uma diminuição na oferta de Bitcoin, o qual seria bom para os detentores. Entretanto, chegado esse momento, se não houver mais cunhagem de Bitcoin, os mineradores não terão nenhum incentivo para minerar. Sendo assim, eles só se manteriam através das taxas de transação.

Essas taxas poderiam então acabar sendo muito altas, pois do contrário os mineradores não veriam lucro e acabariam abandonando, o que por sua vez faria diminuir a segurança da rede. É difícil predizer se o Bitcoin sobreviverá nessas condições. Será novamente o mercado quem decida.

Já a política de cunhagem do Ether não segue as mesmas regras que o Bitcoin. É verdade que a sua cunhagem também é cada vez menor com o tempo, e o será mais ainda quando o Ethereum mudar para sua versão 2.0 e implemente a EIP1559, pois graças a ela o gás pago por realizar as transações será destruído, e dado que o número de transações é cada vez maior, estima-se que o Ether destruído será maior que o emitido. Contudo, não está previsto no código uma interrupção definitiva da cunhagem de ETH.

Em qualquer caso esta especulação a longo prazo resulta um tanto irrelevante, pois não estaremos presentes quando a cunhagem do Bitcoin for encerrada. É mais conveniente especular a prazos menores. Pensando então a curto prazo, cabe a pergunta: que acontecerá quando o Ethereum atualizar para 2.0? Qual será a diferença entre Bitcoin e Ethereum 2.0?

Depois da atualização, Bitcoin e Ethereum tomarão caminhos ainda mais diferentes. O primeiro provavelmente continue atuando como reserva de valor, pois isso foi o que o mercado determinou, e sendo assim, poderia ser visto como uma *commodity*, similar ao ouro. Já o segundo se focará na modularidade a partir da qual serão construídos protocolos descentralizados de grande utilidade, que poderiam chegar a ter muito valor em função do número de usuários (lei de Metcalfe). Desse modo, o Ether2.0 poderia ser visto como algo híbrido. Por um lado, o Ether estocado atuaria como uma *debt security*. Já por outro lado, o Ether não estocado atuaria como uma *commodity* e também como uma *equity security*, equivalente a ação de uma empresa, uma empresa diferente; uma empresa descentralizada e com a capacidade de outras usarem seus serviços.

De outro ponto de vista, corriqueiramente poderíamos resumir que nossa carteira de Bitcoin atuaria como nosso próprio cofre virtual, onde guardar esta forma de ouro digital. Já nossa carteira Web3, com nosso Ether, seria como nosso próprio banco virtual. E tudo sempre estará à nossa inteira disposição e sob nosso inteiro controle.

A síndrome de Estocolmo estatal

> "Não há obstáculos imposíveis; apenas vontades fracas e fortes. Só isso." Júlio Verne

Depois de quase ter completado este livro, o leitor pode ser levado a pensar que o caminho à descentralização é rápido e fácil. Mas não, não é nem rápido, nem fácil. Infelizmente, grande parte das pessoas não conseguirá ou não estará disposta a dar esse salto. O motivo está em que para abraçar a descentralização o usuário terá que gastar seus recursos limitados, seu tempo e/ou seu dinheiro, para conseguir se tornar um ente financeiramente independente. Tal movimento envolve um grande atrito, pois o usuário deverá sair da sua zona de conforto para melhorar seus conhecimentos em aspectos como computação, tecnologia ou segurança da informação. Portanto, não será algo rápido.

Muitos de nós nem sequer estamos preparados para essa independência. Pode parecer, de fato, um salto no vazio. Nossa dependência do Estado, nosso vínculo psicológico, nossa fé nele se tornou tão grande que somos naturalmente levados a acreditar que confiar nele é, e sempre será, nossa melhor opção. Essa dependência emocional com nosso agressor é o que se conhece em psicologia como síndrome de Estocolmo. Por isso, nos desprender desse vínculo também não será algo fácil.

Neste sentido, e a pesar de ter a carta de alforria nas nossas mãos, cabe a pergunta: será que estamos preparados para dar esse passo e adotar a descentralização? Esse salto implica que não haverá papai nem mamãe a quem chorar caso algo der errado. Será que nossa sociedade se tornou realmente adolescente ou será que ainda somos dependentes de políticos "protetores" como se eles fossem nossos verdadeiros pais?

Ao longo deste livro provavelmente fui um tanto categórico em culpar a nossos dirigentes da tamanha intervenção econômica e de todos os problemas que isso acarreta, mas será que minha posição foi certa? Como qualquer outra unidade econômica, nossos dirigentes são também uma espécie perfeitamente adaptada a seu ambiente. Então, quem está realmente errado? Eles, por intervirem cada vez mais na economia, ou nós por ignorar e permitir tais intervenções?

Enquanto essas questões fiquem abertas, infelizmente, a geração atual provavelmente não esteja preparada para dar o salto à descentralização. Quem sabe as gerações futuras...

O futuro do dinheiro programável

> "Se verdadeiramente amas a Natureza, verás beleza por todo lugar." Vincent Van Gogh

A beleza do livre mercado trouxe novamente uma grande inovação, o Bitcoin, graças ao qual outras plataformas como Ethereum souberam aproveitar do potencial que oferece a descentralização para criar algo que fará mudar completamente o futuro das finanças.

A descentralização das finanças eliminará de uma vez e para sempre a figura dos intermediários e isso afetará a muitos indivíduos que provavelmente acabem perdendo seus empregos por tornar-se ineficientes para o mercado. Estes serão os *trade-offs* associados a toda inovação. Esta perda de empregos, talvez massiva, pode acarretar grandes conflitos sociais e isso nunca é do agrado dos nossos governantes. Logo, é provável que governos proíbam ou persigam o uso das criptomoedas, até porque eles mesmos estão ameaçados por serem os maiores intermediários que existem. Essa será então a primeira grande batalha que a inovação das criptomoedas terá que enfrentar.

Entretanto, não é fácil proibir o uso das criptomoedas, pois para isso não resta outra opção que controlar a comunicação entre indivíduos, algo difícil de levar a cabo. Além disso, nem todos os países concordarão em banir as criptomoedas, pois o país que as acolher disporá de uma clara vantagem competitiva frente aos proibidores. A própria concorrência natural dos países fará com que mais cedo ou mais tarde, para evitar ficar tecnologicamente atrasados, eles terão que adotar dita tecnologia. Essa provável conjuntura criará um ambiente único, como nunca visto na história, onde as pessoas voltem a ser livres na hora de realizar suas trocas voluntárias.

Eis mais uma vez a beleza da Natureza, particularmente no que respeita as interações entre os indivíduos através do que temos denominado como economia. Não adianta lutar contra o processo natural e espontâneo de auto-organização, pois a Natureza é infinitamente mais sábia e implacável que qualquer gerente econômico. Não existem arquitetos que ousem desafiá-la. E sendo assim, é mais sensato e vantajoso se juntar a ela do que ir em contra. Que assim seja, pois. **Seja então bem-vinda economia 3.0**!

BIBLIO GRAFIA

- A ECONOMIA DO INTERVENCIONISMO: Mises Brasil: Fabio Barbieri
https://www.mises.org.br/Ebook.aspx?id=119

- A HISTORY OF MONEY: FROM ANCIENT TIMES TO THE PRESENT DAY: Glyn Davies: 9780708317174: Amazon.com: Books
https://www.amazon.com/History-Money-Ancient-Times-Present/dp/0708317170/ref=sr_1_26?dchild=1&keywords=history+of+money&qid=1604249050&sr=8-26

- A GRANDE DEPRESSÃO AMERICANA: Mises Brasil: Murray N. Rothbard
https://www.mises.org.br/Ebook.aspx?id=122

- A LEI: Mises Brasil: Frédéric Bastiat
https://www.mises.org.br/Ebook.aspx?id=115

- A TRAGÉDIA DO EURO (Portuguese Edition): Philipp Bagus: 9789896940225: Amazon.com: Books
https://www.amazon.com/Tragédia-do-Euro-Portuguese/dp/9896940223/ref=sr_1_1?dchild=1&keywords=a+tragedia+do+euro&qid=1604247548&sr=8-1

- DESESTATIZAÇÃO DO DINHEIRO (Portuguese Edition) eBook: Hayek, F.A.: Amazon.com: Books
https://www.amazon.com/Desestatização-do-dinheiro-Portuguese-Hayek-ebook/dp/B078J5BKDK/ref=sr_1_2?dchild=1&keywords=desestatização+do+din-

heiro&qid=1604247944&s=books&sr=1-2

- FIAT PAPER MONEY: THE HISTORY AND EVOLUTION OF OUR CURRENCY eBook: Foster, Ralph, Myslin, Paul: Amazon.com: Kindle Store
https://www.amazon.com/Fiat-Paper-Money-Evolution-Currency-ebook/dp/B07MJY5C2H/ref=sr_1_24?dchild=1&keywords=history+of+money&qid=1604249050&sr=8-24

- SOCIAL PSYCHOLOGY (Fifth Edition) (9780393667707): Gilovich, Tom, Keltner, Dacher, Chen, Serena, Nisbett, Richard E.: Amazon.com: Books
https://www.amazon.com/Social-Psychology-Fifth-Tom-Gilovich/dp/0393667707/ref=sr_1_1?crid=X7RDRLXGIMVA&dchild=1&keywords=social+psychology&qid=1604248118&s=books&sprefix=social+ps%2Cstripbooks-intl-ship%2C259&sr=1-1

- THE ENIGMA OF MONEY: GOLD, CENTRAL BANKNOTES, AND BITCOIN eBook: Nishibe, Makoto: Amazon.com: Books
https://www.amazon.com/Enigma-Money-Central-Banknotes-Bitcoin-ebook/dp/B01MQ4GY08/ref=sr_1_1?dchild=1&keywords=The+Enigma+of+Money+Gold&qid=1604248005&s=books&sr=1-1

- THE EVOLUTION OF COOPERATION: Revised Edition (9780465005642): Robert Axelrod, Richard Dawkins: Amazon.com: Books
https://www.amazon.com/Evolution-Cooperation-Revised-Robert-Axelrod/dp/0465005640/ref=sr_1_1?crid=2AB6ZL3YFF3V3&dchild=1&keywords=the+evolution+of+cooperation&-

qid=1604248547&sprefix=the+evolution+of+coope%2Caps%2C346&sr=8-1

- THE INTERNET OF MONEY (Audible Audio Edition): Andreas M. Antonopoulos, Stephanie Murphy, Merkle Bloom LLC: Amazon.com: Audible Audiobooks
https://www.amazon.com/The-Internet-of-Money-audiobook/dp/B071KX8WP8/ref=sr_1_4?crid=AKI89BYOPS46&dchild=1&keywords=mastering+bitcoin&qid=1604248930&s=audible&sprefix=mastering+bitcoin%2Caudible%2C234&sr=1-4

- THE WEB OF DEBT: THE SHOCKING TRUTH ABOUT OUR MONEY SYSTEM AND HOW WE CAN BREAK FREE (Audible Audio Edition): Ellen Hodgson Brown, Justin M. Grant, Fortuna Asset Management: Amazon.com: Audible Audiobooks
https://www.amazon.com/The-Web-of-Debt-Ellen-Hodgson-Brown-audio/dp/B07D4NQ2W9/ref=sr_1_1?dchild=1&keywords=web+of+debt&qid=1604247319&sr=8-1

- ANIMAL SPIRITS: HOW HUMAN PSYCHOLOGY DRIVES THE ECONOMY, AND WHY IT MATTERS FOR GLOBAL CAPITALISM: Akerlof, George A., Shiller, Robert J.: 9780691145921: Amazon.com: Books
https://www.amazon.com/Animal-Spirits-Psychology-Economy-Capitalism/dp/069114592X/ref=sr_1_1?dchild=1&keywords=animal+spirits&qid=1604247516&sr=8-1

- BITCOIN FOR DUMMIES: Prypto: 9781119076131: Amazon.com: Books https://www.amazon.com/Bitcoin-Dummies-Prypto/dp/1119076137/ref=sr_1_1?dchild=1&keywords=bitcoin+for+dummies&qid=1604247872&s=books&sr=1-1

- ECONOMICS (Fourth Edition): Stiglitz, Joseph E., Walsh, Carl E.: 9780393168174: Amazon.com: Books https://www.amazon.com/Economics-Fourth-Joseph-Stiglitz/dp/0393168174

- ETHEREUM: COMPLETE GUIDE TO UNDERSTANDING ETHEREUM, BLOCKCHAIN, SMART CONTRACTS, ICOS, AND DECENTRALIZED APPS. Includes guides on buying Ether, Cryptocurrencies ... and Investing in ICOs. (English Edition) - eBooks em Inglês na Amazon.com.br https://www.amazon.com.br/Ethereum-Understanding-Blockchain-Decentralized-Cryptocurrencies-ebook/dp/B078683DXR/ref=sr_1_6?__mk_pt_BR=ÅMÅŽÕÑ&dchild=1&keywords=ethereum&qid=1604249447&sr=8-6

- HOW NATURE WORKS: THE SCIENCE OF SELF-ORGANIZED CRITICALITY: Bak, Per: 9780387987385: Amazon.com: Books https://www.amazon.com/How-Nature-Works-self-organized-criticality/dp/038798738X/ref=sr_1_1?crid=3VPVA9PJ8I62G&dchild=1&keywords=how+nature+works&qid=1604248196&sprefix=how+nature+%2Cstripbooks-intl-ship%2C264&sr=8-1

- HUMAN ACTION: The Scholar's Edition: Ludwig von Mises: 9781610161459: Amazon.com: Books https://www.amazon.com/Human-Action-Ludwig-von-Mises/dp/1610161459/ref=sr_1_1?dchild=1&keywords=human+action&qid=1604247821&s=books&sr=1-1

- IRRATIONAL EXUBERANCE: Revised and Expanded Third Edition: Shiller, Robert J.: 9780691173122: Amazon.com: Books
https://www.amazon.com/Irrational-Exuberance-Revised-Expanded-Third/dp/0691173125/ref=sr_1_1?crid=5NXTF3JJH6H1&dchild=1&keywords=irrational+exuberance&qid=1604247755&s=books&sprefix=irrational+%2Cstripbooks-intl-ship%2C248&sr=1-1

- MASTERING ETHEREUM: BUILDING SMART CONTRACTS AND DAPPS : Amazon.com.br
https://www.amazon.com.br/Mastering-Ethereum-Andreas-Antonopoulos/dp/1491971940/ref=sr_1_1?__mk_pt_BR=ÅMÅŽÕÑ&dchild=1&keywords=ethereum&qid=1604249426&sr=8-1

- MONEY, BANK CREDIT, AND ECONOMIC CYCLES: Jesus Huerta de Soto: 9781933550398: Amazon.com: Books
https://www.amazon.com/Money-Bank-Credit-Economic-Cycles/dp/1933550392/ref=sr_1_1?dchild=1&keywords=Money%2C+Bank+Credit%2C+and+Economic+Cycles&qid=1604247730&s=books&sr=1-1

- PRINCIPLES OF ECONOMICS: 9781305585126: Economics Books @ Amazon.com
https://www.amazon.com/Principles-Economics-N-Gregory-Mankiw/dp/1305585127/

ref=sr_1_2?crid=6YEA3IOGWPV6&dchild=1&keywords=principles+of+economics&qid=1604247689&s=books&sprefix=principles+of+econom%2Cstripbooks-intl-ship%2C372&sr=1-2

- THE BITCOIN BIG BANG: HOW ALTERNATIVE CURRENCIES ARE ABOUT TO CHANGE THE WORLD: Kelly, Brian: 9781118963661: Amazon.com: Books
https://www.amazon.com/Bitcoin-Big-Bang-Alternative-Currencies/dp/1118963660/ref=sr_1_1?dchild=1&keywords=bitcoin+big+bang&qid=1604247968&s=books&sr=1-1

- THE CREATURE FROM JEKYLL ISLAND: A SECOND LOOK AT THE FEDERAL RESERVE: G. Edward Griffin: 9780912986456: Amazon.com: Books
https://www.amazon.com/Creature-Jekyll-Island-Federal-Reserve/dp/091298645X/ref=sr_1_2?dchild=1&keywords=web+of+debt&qid=1604247360&sr=8-2

- THE DEATH OF MONEY: THE COMING COLLAPSE OF THE INTERNATIONAL MONETARY SYSTEM: Rickards, James: 8601419345519: Amazon.com: Books
https://www.amazon.com/Death-Money-Collapse-International-Monetary/dp/1591846706/ref=sr_1_1?dchild=1&keywords=The+Death+of+Money&qid=1604247477&sr=8-1

- THE ECONOMY AS AN EVOLVING COMPLEX SYSTEM II (Santa Fe Institute): 9780367091163: Economics Books @ Amazon.com https://www.amazon.com/Economy-Evolving-Complex-System-Institute/dp/036709116X

- THE HISTORY OF MONEY: Jack Weatherford: 9780609801727: Amazon.com: Books https://www.amazon.com/History-Money-Jack-Weatherford/dp/0609801724/ref=sr_1_2?dchild=1&keywords=history+of+money&qid=1604248992&sr=8-2

- THE SELF ORGANIZING ECONOMY: 9781557866981: Economics Books @ Amazon.com https://www.amazon.com/Self-Organizing-Economy-Paul-Krugman/dp/1557866988/ref=sr_1_1?crid=2GGOI08Y07JUC&dchild=1&keywords=self+organizing+economy&qid=1604247421&sprefix=The+-Self-Organizing+Economy%2Caps%2C695&sr=8-1

- WHAT HAS GOVERNMENT DONE TO OUR MONEY?: Rothbard, Murray N.: 9781610166454: Amazon.com: Books https://www.amazon.com/What-Has-Government-Done-Money/dp/1610166450/ref=sr_1_1?crid=3EDPULBE86NCE&dchild=1&keywords=what+has+government+done+-to+our+money&qid=1604247264&sprefix=what+has+go%2Cstripbooks-intl-ship%2C245&sr=8-1

- WHEN MONEY DIES: THE NIGHTMARE OF DEFICIT SPENDING, DEVALUATION, AND HYPERINFLATION IN WEIMAR GERMANY: Fergusson, Adam: 9781586489946: Amazon.com: Books https://www.amazon.com/When-Money-Dies-Devaluation-Hyperinflation/dp/1586489941/ref=sr_1_15?dchild=1&keywords=history+of+money&qid=1604249050&sr=8-15

www.ingramcontent.com/pod-product-compliance
Lightning Source LLC
Chambersburg PA
CBHW060825220526
45466CB00003B/976